国际中文阅读教学课本

2

主编 苏英霞
编著 蔡 楠

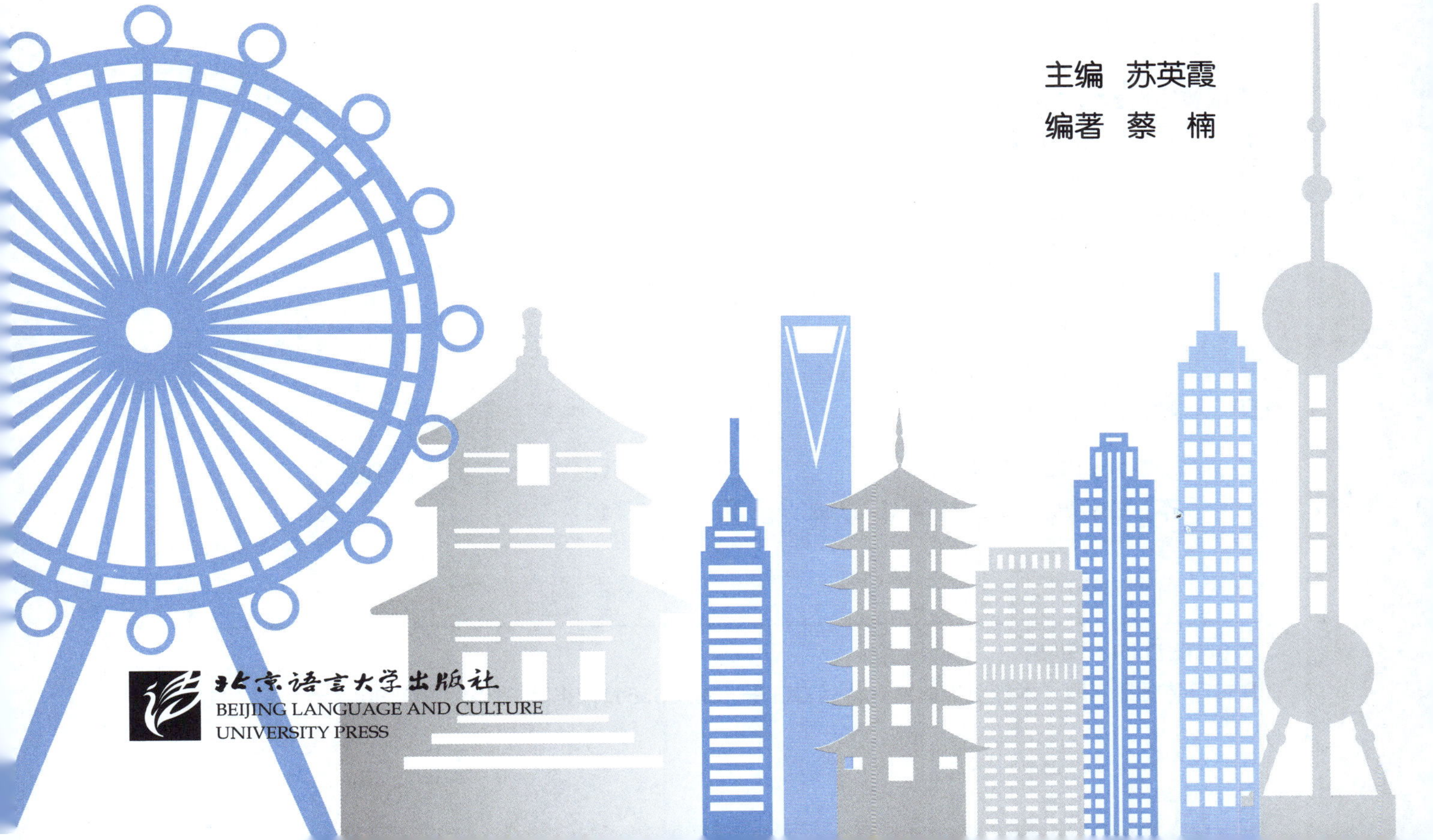

北京语言大学出版社
BEIJING LANGUAGE AND CULTURE
UNIVERSITY PRESS

© 2021 北京语言大学出版社，社图号 21023

图书在版编目（CIP）数据

乐读：国际中文阅读教学课本．2 ／ 苏英霞主编．—— 北京：北京语言大学出版社，2021.6（2025.8重印）
ISBN 978-7-5619-5850-6

Ⅰ.①乐⋯　Ⅱ.①苏⋯　Ⅲ.①汉语－阅读教学－对外汉语教学－教材　Ⅳ.① H195.4

中国版本图书馆 CIP 数据核字（2021）第 064172 号

乐读——国际中文阅读教学课本 2
LEDU——GUOJI ZHONGWEN YUEDU JIAOXUE KEBEN 2

排版制作：	北京创艺涵文化发展有限公司
责任印制：	周　燚

出版发行：	北京语言大学出版社	
社　　址：	北京市海淀区学院路 15 号，100083	
网　　址：	www.blcup.com	
电子信箱：	service@blcup.com	
电　　话：	编辑部　8610-82303390	
	发行部　8610-82303650/3591/3648	
	北语书店　8610-82303653	
	网购咨询　8610-82303908	
印　　刷：	河北赛文印刷有限公司	
版　　次：	2021 年 6 月第 1 版	印　次：2025 年 8 月第 5 次印刷
开　　本：	889 毫米 × 1194 毫米　1/16	印　张：12
字　　数：	172 千字	
定　　价：	55.00 元	

PRINTED IN CHINA

凡有印装质量问题，本社负责调换。售后 QQ 号 1367565611，电话 010-82303590

前言

《乐读——国际中文阅读教学课本》是中文阅读技能训练教材，全套共6册，适应零起点到中高级水平学生的学习需求。

1. 编写理念

本教材以培养汉语学习者中文阅读能力为目标，针对汉语学习者中文阅读难点和阅读能力提升需要，进行教材内容的设计与编写，突出阅读教材特色。我们认为，阅读教学的目的不能止于帮助学生读懂一篇文章，而是要让学生学会怎样读懂一篇文章，通过有针对性的训练帮助学生提高中文阅读能力，即所谓"授之以渔"。阅读教材不同于一般读物，应为学习者阅读能力提升和教师进行阅读技能训练提供丰富而适用的学习和练习素材。

2. 教材特色

（1）定位明确，特色突出。本教材以阅读技能训练为核心，重视阅读理解能力的培养，基本不设口头表达等语言输出型练习。

（2）学、练素材丰富。本教材第一、二册为阅读入门阶段，以集中识字、积累词汇量为主，辅以句子和短文阅读，为进一步的阅读训练打下基础。从第三册开始，每课均包含"知识银行""技巧训练""阅读实践"三个主要板块，并针对细读、略读、查读几种阅读方式提供了相应的阅读材料，可以充分满足学生提升中文阅读能力时在语言知识积累、阅读技巧训练和阅读实践方面的需要。

（3）体裁、题材多样。为使学习者熟悉不同体裁和题材的中文读物，本教材在课文体裁与题材的选择上注重多样化。课文体裁包括记叙文、应用文、议论文等，题材涉及学习、生活、自然、科技、社会与文化等多个方面。在"实况阅读"部分，还为学生提供了招牌、海报、启事、网络文章等日常生活中随处可见的文字材料。

（4）训练层次清晰。本教材在体例设计上重视技能训练的科学性与层次性，从知识到技能再到实践，步步推进。在课文部分，教材提供了分步阅读指引，每个步骤均设计了有针对性的阅读理解练习，便于师生使用。

本教材的编者均有丰富的汉语教学经验，教材在正式出版之前在北京语言大学汉语速成学院速成系进行了五个学期的试用，并根据师生反馈的意见进行了多次修改。我们希望能够呈现给大家一套特色鲜明又好学易用的阅读教材，同时，也真诚地期待国际中文教育领域各位专家和同人关注这套教材并不吝赐教。

　　感谢各位作者的辛勤工作,感谢北京语言大学出版社对国际中文教材编写一如既往的支持和坚持不懈的努力,感谢为这套教材的编辑出版做出卓越贡献的编辑团队。

苏英霞
2021 年 4 月

本册使用说明

一、教学目标与适用对象

《乐读——国际中文阅读教学课本2》为初级阅读教材。本册的教学目标是通过形声字意符的系联帮助学生集中识字,扩大词汇量,然后通过阅读短文来培养学生的阅读兴趣,训练学生的阅读能力。本册教材适用于学完本系列教材第一册或已掌握HSK一级词汇的初级汉语学习者。

二、教材内容与体例

和第一册一样,本书生词也分为识记和识读(识读词后加*号,以示区别)两部分。识记部分的词绝大多数为《国际汉语教学通用课程大纲》中的二级词和一部分三级词,以及一些特别常用的词。识记部分的生词出现在最后的生词表中。识读部分的生词只为扩大学生词汇量以及扫清阅读障碍而设,所以不需要学生记住。识读部分的生词不出现在最后的生词表中。本书同样重视生词的复现,很多生词在全书中反复出现,学生看得多了自然就记住了。复现的生词不再作为生词出现,故后边同样标了*号。

本册共十课。第一到九课以阅读为主,每一课课文的阅读材料都围绕一个主题。最后一课则是对第一到九课内容的总结测试,主要考查学生对识记部分生词的掌握情况以及篇章阅读的能力,题型参考了HSK二级、三级真题。

每一课的内容安排基本遵循"字→词→句子→段落→篇章"的顺序。

每课分五大板块:知识银行、集中识字、阅读实践、汉字小故事、挑战自己。

1. 知识银行

分为两部分。第一部分为"常用意符介绍",讲解与本课生词相关且使用频率高的意符基础知识,每个意符都通过古文字字形进行溯源,信而有征。之后会有"练习一下"检查学生的理解与掌握情况,培养学生在阅读文章时根据意符判断字义归属的能力。第二部分为"常用句式",讲解后面阅读材料中出现的常用语法格式,并配有例句和相应的练习。两部分内容都用简单的话语进行讲解,且配有英文翻译,方便学习者理解与运用。

2. 集中识字

每课集中识字部分以意符为纲,帮助学生建立与汉字体系相适应的认知过程。教学重点有两个:一是通过常用意符系联出一些常用汉字,通过这些汉字的学习来加深学习者对汉字表意、表音结构的认识;二是让学生掌握一些同词根的常用词,进而对汉语构词法有一个初步的认识。这一部分注重字义与词义的关系,用重点汉字组成常用词,再把常用词放在一个句子里,让学生在语境中加深对字义、词义的理解。

3. 阅读实践

分为三部分,三部分的阅读材料都围绕一个主题。"精读"部分课文、生词相对核心,对培养学生的语感与阅读能力都极为重要,故要求学生能够流利、无障碍地阅读。"扩展阅读"是精读内容的延伸与扩展,主要是为了扩展学生知识面、增大词汇量,因此理解文章大意即可,不需要逐词逐句地精读。但对有些内容相对容易且比较有意思的课文,我们也做了朗读课文的要求。另外,第一课是从第一册向第二册过渡的一课,本课精读课文的目的是给学生打气,消除学生在进行长篇章阅读时的畏难情绪。因此,这一课的"扩展阅读"是重点。"信息查找"类似于实况阅读,要求学生带着问题去看材料,在最快的时间内找到所需信息。信息查找是对学生快速阅读能力的训练,因此,不鼓励学生先精读材料,然后再回答问题。阅读实践部分共三篇阅读材料,内容比较丰富。此部分重点在于培养学生的阅读兴趣,使其掌握一些常用的阅读技巧,如根据意符猜字义、根据上下文猜词义、快速找到关键信息、略过不认识的词通读文章等。课文编选上,以实用性、趣味性为原则,内容安排由易到难、循序渐进,重视生词的复现。我们希望学生课下能够反复、大声地朗读课文,积极寻找机会使用书中学到的内容。课文后的练习形式丰富多样,除常见的选择题、判断题以外,还有生词积累、完形填空、根据语境解释词义、按时间给事件排序等题型。

4. 汉字小故事

每课选取一到两个汉字进行讲解。这部分的汉字或来自当课集中识字部分,或来自阅读实践部分。学生可以通过这一部分的讲解窥见汉字的智慧,了解一点儿中国文化知识。

5. 挑战自己

针对当课所学内容设计练习。练习的设计本着由易到难,从课内延伸到课外的原则,从词、句子再到篇章,一步一步引导学生掌握当课的内容并能够独立完成练习。针对每一课的重点生词及精读课文,我们设计了"选词填空"的练习。参考 HSK 二级、三级真题,我们又设计了"选择相对应的句子""判断所给句子与原句意思是否一致"这两项练习,主要目的是让学习者在语境中掌握重点词的用法,同时熟悉 HSK 二级、三级考试。经过了第一册的训练,"谜语"这个练习学生不会再觉得有难度,而且会表现出浓厚的兴趣;该部分考查学生是否熟悉汉字的构造、写法以及相关的百科知识,谜底均来自当课出现的重点字与常用词。"笑话"依然是尽量使用简单的语句以及当课出现的生词改编,为的是复现与巩固当课所学的内容,培养学生的阅读兴趣。根据每一课出现的文化点，我们设计了"看看下面的字，你认识哪些"这一板块，主要是与当课阅读材料相关的语言文化内容，形式也比较多样。所有练习各位教师可以根据学生水平和教学时间灵活使用。

为了便于学生理解教材内容，增加教材趣味性，每一课都配有丰富的插图。

三、教学建议

本册教材每一课建议教学时间为四到六课时。

第一到二课时讲解"知识银行"中"常用意符介绍"部分的内容，让学生掌握高频意符的含义，通过"练习一下"检查学生对此部分知识的掌握情况；然后根据"集中识字"的编排进行常用汉字的介绍与讲解，按"字→词→句→段"的顺序进行认读训练，扩大词汇量，为后面的篇章阅读做好铺垫。第三到四课时先介绍"知识银行"中"常用句式"部分的内容，完成相关练习，然后按照阅读指引完成"精读"和"扩展阅读"，掌握重点生词，培养学生的阅读兴趣，提高学生阅读能力，最后完成"信息查找"，训练学生通过快速阅读提取关键信息的能力。第五到六课时先完成"汉字小故事"的阅读，了解一点儿中国文化知识，然后完成"挑战自己"部分的练习，最后可以引导学生围绕当课的话题展开讨论。如课时不够，第五到六课时的内容可以当作作业布置给学生。第十课教师可以让学生课上完成，也可以作为考试题使用。

我们希望学生能够大声地、流利地、无障碍地朗读每一篇文章。

以上是对《乐读——国际中文阅读教学课本2》教学目标、适用对象、内容体例与使用方法的说明，谨供参考。

编者

2021年4月

目 录

第一课	你好，中国	1

知识银行	（一）常用意符介绍：广、走（辶）、金（钅）、鱼、手（扌） （二）常用句式：先……，然后……；除了……以外，也……

集中识字	广部：广、床、座、店 走（辶）部：起、超、边、近、远、运 金（钅）部：金、钱、铅、钢、银、铁、错、镜 鱼部：鱼、鲜 手（扌）部：打、排、报、护、换、取、导

阅读实践	（一）精读：《中国生活》 （二）扩展阅读：《你好》 （三）信息查找：《中国概况》

汉字小故事	《好》

第二课	说好中国话，朋友遍天下	17

知识银行	（一）常用意符介绍：宀、衣（衤）、土、米、戈 （二）常用句式：因为……，所以……；虽然……，但是……

集中识字	宀部：室、完、定、宾、客 衣（衤）部：衣、表、袋、裤、衬、衫、裙、袜 土部：地、场、城、坏、垃 米部：糕、糟、糖、精、糊 戈部：成、武

阅读实践	（一）精读：《我为什么学中文》 （二）扩展阅读：《我们为什么学汉语，我们怎么学汉语》 （三）信息查找：《学习汉语遇到的困难和克服困难的方法》
汉字小故事	《中国》

第三课　不到长城非好汉，不吃烤鸭真遗憾　　32

知识银行	（一）常用意符介绍：肉（月）、鸟、艹、火（灬）、食（饣） （二）常用句式：不是……，而是……；要是……，就……
集中识字	**肉（月）部**：肉、肚、脸、脑、服、腿、肠、肤、肌、肝、脏 **鸟部**：鸟、鸡 **艹部**：蕉、莓、菜、茶、花、药 **火（灬）部**：炒、烧、烤、热、照 **食（饣）部**：食、馆、饺、饿、饱、餐
阅读实践	（一）精读：《北京烤鸭》 （二）扩展阅读 （三）信息查找：《菜单》
汉字小故事	《学和教》

第四课　黑毛黑，白毛白，圆圆胖胖真可爱　　49

知识银行	（一）常用意符介绍：竹（⺮）、心（忄）、口、贝、犬（犭） （二）常用句式：连……都/也……
集中识字	**竹（⺮）部**：笑、箱、筷、笨、简、答、签、筑 **心（忄）部**：忙、快、懂、怪、惯、意、感、惊、懒、想 **口部**：国、园、图

集中识字	贝部：贝、贵、质、员、赚、费、赌、赢
	犬（犭）部：猫、狗、猪、猴

阅读实践	（一）精读
	（二）扩展阅读：《走出中国的大熊猫》
	（三）信息查找：《动物园及其各馆门票价格表、动物园地图》

汉字小故事	《熊猫？猫熊？》

第五课　茶亦醉人何须酒　　66

知识银行	（一）常用意符介绍：纟(糹)、疒、酉、冫(氵)、阜（阝）
	（二）常用句式：……是……之一；不管……，都……

集中识字	纟(糹)部：红、绿、紫、经、系、纸、结、练、紧、给、纪、丝
	疒部：病、疼、疯、癌、痛、瘦
	酉部：酒、醉、醒、酸、酪、酵、醋、酱
	冫(氵)部：冰、凉、冬、冷、寒
	阜（阝）部：阴、阳、队、院、附、阶、陡、险

阅读实践	（一）精读
	（二）扩展阅读：《不同国家，不同茶俗》
	（三）信息查找：《中国茶基础知识》

汉字小故事	《茶和酒》

第六课　入乡随俗　　83

知识银行	（一）常用意符介绍：虫、示（礻）、行（彳）、玉（王）、刀（刂、夂）
	（二）常用句式：一……，就……

集中识字	**虫部**：虫、蚊、蝇、蟑、蝴、蜘、蝙、蜜、虾、螃、虹、蜡
	示（礻）部：票、礼、视、福、祝、社
	行（彳）部：行、街、往、律、得
	玉（王）部：玉、宝、珍、珠、球、玩、理、环
	刀（刂、𠂇）部：刀、切、分、解、利、到、刮、刷
阅读实践	（一）精读：《十二生肖》 （二）扩展阅读 （三）信息查找：《十二生肖年份对照表、十二生肖的性格特点及适合职业》
汉字小故事	《姓和名》

第七课	不识庐山真面目，只缘身在此山中	103

知识银行	（一）常用意符介绍：石、穴（宀）、气、禾、㫃（⻌） （二）常用句式：不但……，而且……；A被（B）+动词+……
集中识字	**石部**：石、碗、矿、码、研、破、碎
	穴（宀）部：空、穿、窗、容、突、窟
	气部：气、氧
	禾部：秋、种、秘、香、科、利
	㫃（⻌）部：旅、族、旗
阅读实践	（一）精读：《你不知道的可口可乐》 （二）扩展阅读 （三）信息查找：《关于可口可乐公司，你不知道的事》
汉字小故事	《乐》

第八课	生活的智慧	120
知识银行	（一）常用意符介绍：巾、力、彡、车、勹 （二）常用句式：只要……，就……；与其……，不如……	
集中识字	巾部：巾、帽、帅、带、帝、席 力部：力、男、历、加、办、助、勇、务、动、功、励 彡部：影、彩 车部：车、库、晕、轻、软、载 勹部：勺、句、包	
阅读实践	（一）精读：《微波炉的妙用》 （二）扩展阅读：《通勤时间，可以做什么》 （三）信息查找：《喝水的谣言与真相》	
汉字小故事	《力、男、劣》	

第九课	中国故事	137
知识银行	（一）通过意符推知汉字的本义，窥见中国文化 （二）常用意符介绍：足、页、见、马、隹 （三）常用句式：为了……，……；……，除非……	
集中识字	足部：跑、踢、跳、路 页部：领、题、预、顾、须、顺、烦 见部：见、现、观、览、觉（jué）、觉（jiào） 马部：马、骆、骑、骄、骗 隹部：雀、难、雄、雌	

乐读 2

阅读实践	（一）精读：《梁山伯与祝英台》 （二）扩展阅读：《木兰从军》 （三）信息查找：《中国故事国外知名度排行榜及相关图书信息》
汉字小故事	《故、事》

第十课　　总结测试　　　　　　　　　　　　　　　　　　158

生词表　　　　　　　　　　　　　　　　　　　　　　　　173

第一课 你好，中国
Dì-yī kè Nǐ hǎo, Zhōngguó

一、知识银行 Knowledge Bank

（一）常用意符介绍 Introduction to frequently used semantic components

1 广

广，甲骨文写作厂，本义是依山崖建造的房屋。"广"部的字多与房屋、空间有关。

"广", written as "厂" in oracle bone inscription, originally means "house built on the cliff". Characters with "广" as a component are mostly related to "house" or "space".

2 走（辶）

走，金文写作𧺆，上边是一个人，下边是一只脚。作为意符，"走"通常写作"辶"。"走（辶）"部的字多与行走有关。

"走" is written as "𧺆" in bronze inscription. The top is a person, and the bottom is a foot. As a semantic component, it is usually written as "辶". Characters with "走（辶）" as a component are mostly related to "walking".

1

乐读 2

3 金（钅）

金，金文写作 ⾦。♈ 是箭头，⼯ 是斧头，箭头和斧头都是用金属制成的；⼂ 代表埋藏在地下的金属。"金"的本义就是金属。作为意符，"金"常常在一个汉字的左边，写作"钅"。"金（钅）"部的字多与金属有关。

"金" is written as "⾦" in bronze inscription. "♈" stands for an arrowhead and "⼯" an axe, both of which are made of metal. "⼂" stands for metal buried under the ground. "金" originally means "metal". As a semantic component, it is usually used on the left side of a character and written as "钅". Characters with "金（钅）" as a component are mostly related to "metal".

4 鱼

鱼，甲骨文写作 🐟，像一条鱼。"鱼"部的字多与鱼类或海洋生物有关。

"鱼", written as "🐟" in oracle bone inscription, resembles a fish. Characters with "鱼" as a component are mostly related to "fish" or "sea creature".

5 手（扌）

手，甲骨文写作 ⼿，像人的一只手。"手"作为意符，常在字左边，写作"扌"。"手（扌）"部的字多与手的动作有关。

与"手"相关的还有几个字——"又""支（攵）""寸"，这些字做表意偏旁，也多与手的动作有关。

"手", written as "⼿" in oracle bone inscription, resembles a hand. As a semantic component, it is usually used on the left side of a character and written as "扌". Characters with "手（扌）" as a component are mostly related to "act or movement of the hand(s)".

When other characters related to "手", such as "又", "支(攴)", and "寸", are used as semantic components, they are also mostly related to "act or movement of the hand(s)".

又，古文字写作 ㇇ ，像人的一只手。
"又", written as "㇇" in ancient scripts, resembles a person's hand.

支（攴），古文字写作 ㇇ ，像手里拿着什么东西。
"支(攴)", written as "㇇" in ancient scripts, resembles a hand holding something.

寸，古文字写作 ㇇ ，在手的旁边加了一画，指示胳膊肘的位置。
"寸" is written as "㇇" in ancient scripts. The stroke beside the hand indicates the position of the elbow.

练习一下：根据意符猜一猜下面汉字的意思

Exercise: Guess the meanings of the following characters according to their semantic components.

鲸	jīng	needle		鲨	shā	temple
库	kù	to hug		庙	miào	shark
超	chāo	whale		运	yùn	silver
针	zhēn	warehouse		银	yín	to throw
抱	bào	to surpass		扔	rēng	to transport

（二）常用句式　　Frequently used sentence patterns

先……，然后…… first…, then…
It is used to indicate that one action follows another.

（1）吃完午饭以后，我先去图书馆做作业，然后回家。
（2）先洗手，然后再吃。

除了……以外，也…… besides, in addition to

（1）除了苹果以外，我也喜欢西瓜。
（2）除了"你好"以外，中国人也常常说"吃了吗？"。

乐读 2

练习一下：连线 Exercise: Match

我回宿舍以后先睡觉	我也去过上海
除了北京以外	然后做作业
周末除了玩儿游戏以外	然后再出国
我打算先学好英语	有时候我也上网

二、集中识字 Recognize the Characters

(一) 广部

广 床 座	1. 广场*	guǎngchǎng	N	square, plaza	快起床！今天我们要去天安门广场，起晚了地铁上就没有座位了。
	2. 起床	qǐ//chuáng	VO	to get up	
	3. 座位	zuòwèi	N	seat	

店	4. 书店	shūdiàn	N	bookstore	酒店外边有商店、书店和24小时便利店，买东西非常方便。
	5. 便利店	biànlìdiàn	N	convenience store	

(二) 走 (辶) 部

起	6. 对不起*	duìbuqǐ	V	(to be) sorry	A：飞机已经起飞了！ B：对不起，我今天起床起得太晚了。
	7. 起飞	qǐfēi	V	(of a plane) to take off	

超	8. 超级*	chāojí	Adj	super	我们先去超市买了东西，然后去看了电影《超人》。《超人》超级好看。 
	9. 超人*	chāorén	N	superman	
	10. 超市	chāoshì	N	supermarket	

边	11. 上边*	shàngbian	N	top	看地图的时候，上边是北，下边是南，左边是西，右边是东。
	12. 下边*	xiàbian	N	bottom	
	13. 左边	zuǒbian	N	left (side)	
	14. 右边	yòubian	N	right (side)	

近	15. 近	jìn	Adj	near	A：请问，附近有超市吗？B：前边就有一个小超市，很近，走5分钟就到了。
	16. 附近	fùjìn	N	nearby	
远	17. 远	yuǎn	Adj	far	

运	18. 运动	yùndòng	V	sport; to do sports	我喜欢运动，明天我要参加[1]学校的运动会。以后，我还要参加奥运会。
	19. 运动会*	yùndònghuì	N	sports meeting	
	20. 奥运会*	Àoyùnhuì	PN	Olympic Games	

（三）金（钅）部

金	21. 金色*	jīnsè	N	golden (color)	酒店大门是金色的，水池[2]里有很多金鱼，房间也很好，但是押金有点儿多。
	22. 金鱼*	jīnyú	N	goldfish	
	23. 押金	yājīn	N	deposit	

---

1 参加：cānjiā；V；to take part in
2 水池：shuǐchí；N；pond

乐读 2

钱	24. 钱包	qiánbāo	N	wallet
	25. 有钱	yǒu qián		rich
	26. 找钱 *	zhǎo//qián	VO	to give change

他是个有钱人，钱包里有很多钱，每次买完东西都说"不用找钱了"。

铅	27. 铅笔 *	qiānbǐ	N	pencil
钢	28. 钢笔 *	gāngbǐ	N	pen
	29. 钢琴	gāngqín	N	piano

你在找笔吗？钢琴上有一支铅笔和一支钢笔。

银	30. 银行	yínháng	N	bank
铁	31. 地铁 *	dìtiě	N	subway, metro
	32. 高铁 *	gāotiě	N	high-speed rail

你看，银行西边就是地铁站。你坐地铁到北京南站，那儿就有去上海的高铁。

错	33. 不错	búcuò	Adj	good
	34. 错误 *	cuòwù	N/Adj	mistake, error; wrong

你们写的句子一个错误都没有，非常不错！

镜	35. 眼镜 *	yǎnjìng	N	glasses
	36. 墨镜	mòjìng	N	sunglasses
	37. 镜子 *	jìngzi	N	mirror

镜子、镜子告诉我，我戴[1]眼镜的时候帅，还是戴墨镜的时候帅？

---

1 戴：dài；V；to wear

6

（四）鱼部

鱼	38. 三文鱼*	sānwényú	N	salmon	我不喜欢钓鱼，我只喜欢吃鱼。我最喜欢三文鱼和金枪鱼。
	39. 金枪鱼*	jīnqiāngyú	N	tuna	
	40. 钓鱼*	diàoyú	V	to go fishing	

鲜	41. 海鲜	hǎixiān	N	seafood	A：你想要新鲜的海鲜还是漂亮的鲜花？ B：我都想要。
	42. 新鲜	xīnxiān	Adj	fresh	
	43. 鲜花*	xiānhuā	N	(fresh) flower	

（五）手（扌）部[1]

打	44. 打电话*	dǎ diànhuà		to phone	我打算先给那个公司打个电话，然后打车去那儿面试。
	45. 打车	dǎ//chē	VO	to take a taxi	
	46. 打算	dǎsuàn	V	to plan (to do)	

排	47. 排队	pái//duì	VO	to line up	打完排球，我们去了饭馆儿。我们想吃牛排，但是人太多了，我们得排队。
	48. 排球*	páiqiú	N	volleyball	
	49. 牛排*	niúpái	N	steak	

报	50. 报纸	bàozhǐ	N	newspaper	明天的马拉松[2]比赛我报名了。现在我要去买报纸，看看明天的天气预报。
	51. 报名	bào//míng	VO	to sign up	
	52. 预报*	yùbào	N	forecast	

1　此处还包括一些又、支（攵）、寸部的字。
2　马拉松：mǎlāsōng；N；marathon

乐读 2

护	53. 护照	hùzhào	N	passport	去银行换钱要带[1]护照，取钱不用。
换	54. 换钱	huàn//qián	VO	to exchange money	
取	55. 取钱	qǔ qián		to withdraw money	

导	56. 辅导*	fǔdǎo	V	to tutor	他是我的辅导老师，每天教我汉语。他也给我当[2]导游，每周末带我出去玩儿。
	57. 导游	dǎoyóu	N	tour guide	

三、阅读实践　Reading Comprehension

（一）精读　Intensive Reading

1　生词

专有名词 Proper Nouns

1.	加拿大*	Jiānádà	Canada
2.	圣诞节	Shèngdàn Jié	Christmas
3.	香港*	Xiānggǎng	Hong Kong

2　课文《中国生活》

第一步：通读课文，找到下面问题的答案

Read the text and find the answers to the following questions.

> 1. 大卫晚饭吃什么？
> 2. 大卫下个星期为什么不想上课？

1　带：dài；V；to take, to bring
2　当：dāng；V；to act as

大卫是加拿大人，他现在在中国学习汉语。他每天早上六点半起床，七点左右吃早饭。他每天的早饭都是两个包子、一根香蕉。吃完早饭，他骑自行车去学校。他上午上四个小时课，下午没有课。吃完午饭以后，他先去图书馆做作业，然后去运动。他晚饭只吃一个苹果，喝一杯酸奶，因为他觉得自己太胖了。晚上他常常看电视，上网，大概十一点睡觉。

　　周末的时候他常常去看电影，离他家不远就有一个电影院。大卫觉得中国很好，因为好吃的、好玩儿的，什么都有，但是人和车太多了。

　　下个星期就是圣诞节了，他不想上课，因为他的女朋友要来看他。他们想一起去旅游。他们打算先去上海，然后坐飞机去香港。

第二步：细读课文，根据课文内容判断正误

Read the text carefully and decide whether the following statements are true (T) or false (F).

（1）大卫骑自行车去学校。　　　　　　　　　　　　　　　（　　）
（2）大卫午饭喜欢吃包子和香蕉。　　　　　　　　　　　　（　　）
（3）大卫晚饭只吃苹果，喝酸奶，这是因为他觉得苹果和酸奶
　　　很好吃。　　　　　　　　　　　　　　　　　　　　（　　）
（4）电影院离大卫的家有点儿远。　　　　　　　　　　　　（　　）
（5）大卫和女朋友打算先去香港，然后去上海。　　　　　　（　　）

第三步：词义理解，试着在课文中找到和下面加点词意思相近的词

Find the synonyms of the dotted words from the text.

（1）晚上他常常看电视，上网，大概十一点睡觉。_____
（2）他们打算先去上海，然后坐飞机去香港。_____

第四步：生词积累，从课文中找到带有下列汉字的词

Find the words consisting of the characters below from the text.

（1）奶（　　　　）　　（3）果（　　　　）　　（5）周（　　　　）
（2）院（　　　　）　　（4）游（　　　　）　　（6）打（　　　　）

第五步：朗读课文　Read aloud the text.

乐读 2

（二）扩展阅读　Extended Reading

1　生词

1.	打招呼	dǎ zhāohu	to greet
2.	方式 *	fāngshì	N	way, mode, manner
3.	正式	zhèngshì	Adj	formal, official
4.	场合 *	chǎnghé	N	occasion, situation
5.	趟 *	tàng	M	a measure word for round trips
6.	明知故问	míngzhī-gùwèn	IE	to ask while knowing the answer
7.	或者	huòzhě	Conj	or (used in statements)

2　课文《你好》

　　外国人学习汉语，最先学会的就是"你好"。"你好"是中国人常用的一种打招呼的方式。第一次见面的时候、打电话的时候，还有其他正式的场合，中国人常常会说"你好"。在随便的场合，中国人不常说"你好"，因为"你好"太正式了。那这个时候，中国人会说什么呢？

　　在吃饭的时间，中国人会问"吃了吗？"。除了"吃了吗？"以外，中国人也常常问"去哪儿啊？"。这时候中国人不是真的想知道你要去哪儿，你只说"出去一趟"就行了。还有一种打招呼的方式叫"明知故问"——你看见什么就问什么。看见朋友在商店买东西，就问"买东西啊？"；看见朋友去图书馆，就问"去图书馆啊？"或者"去学习啊？"。回答的时候说"嗯""对""是啊"就行了。

第一步：通读课文，根据课文内容判断正误
Read the text and decide whether the following statements are true (T) or false (F).

（1）外国人学习汉语，最先学会的是"谢谢"。　　　　　　　　　　（　　　）

（2）在正式的场合，中国人不常用"你好"。　　　　　　　　　（　　）

（3）在吃饭的时间，中国人常常问"吃了吗？"。　　　　　　　（　　）

（4）中国人问"你去哪儿啊？"的时候，你得回答要去的地方。（　　）

（5）"明知故问"也是中国人打招呼的方式。　　　　　　　　　（　　）

第二步：词义理解，试着用自己的话解释下面加点词的意思

Explain the meanings of the dotted words using your own words.

在随便（suíbiàn）的场合，中国人不常说"你好"。_____

第三步：生词积累，从课文中找出两个包含下列汉字的词

Find two words including each of the characters below from the text.

（1）打 _____、_____　　（4）国 _____、_____

（2）常 _____、_____　　（5）见 _____、_____

（3）时 _____、_____　　（6）式 _____、_____

（三）信息查找　Search the Information

中国概况

- 简称：中国
- 首都：北京
- 人口：约 14 亿
- 国宝：大熊猫
- 国粹：国画儿、中医、京剧等
- 国庆日：10 月 1 日
- 人口最多的民族：汉族
- 主要城市：北京、上海、广州、深圳等

（1）中华人民共和国简称：_____

（2）中国的人口数量：_____

（3）中国的国宝：_____

（4）中国的国粹：国画儿、_____和京剧等

（5）中国的国庆日是：_____

（6）中国的主要城市有：_____

乐读 2

四、汉字小故事　Stories of Chinese Characters

好

"好"的甲骨文是 𢀖，左边是一个跪着的女人，右边是一个孩子。"好"为什么由"女（女人）"和"子（孩子）"组成呢？因为人们觉得女人生孩子是"好"事。

现在，有的中国人说"好"由"女"和"子"组成，是因为男人有妻子和孩子是"好"事；也有的中国人说"好"的意思是家里有"女儿"，也有"儿子"，因为大多数中国人觉得家里儿女双全是最好的。

1　生词

1.	甲骨文	jiǎgǔwén	N	oracle bone inscription
2.	跪 *	guì	V	to kneel
3.	由……组成 *	yóu…zǔchéng		to be made up of, to consist of
4.	生 *	shēng	V	to give birth to

2　练习：根据课文内容填空

女人生孩子是好事，所以"好"由_____和_____组成；现在，有的中国人觉得"好"的意思是男人有_____和_____；也有的中国人说"好"的意思是家里又有_____，又有_____。

五、挑战自己　Challenge Yourself

（一）选词填空　Fill in the blanks with the words.

明知故问、打算、银行、正式、运动、或者、押金、护照、起飞

1. 去北京的飞机几点_____？

12

2. 你喜欢什么_____？
3. 这个酒店的房间_____是600元。
4. A：请问，附近有_____吗？我要换钱。

   B：有，你看，超市旁边就是。换钱需要_____，你带了吗？
5. 这个学期结束以后你有什么_____？
6. 明天是我们的毕业典礼[1]，请大家穿_____的衣服。
7. A：你以后想做什么工作？

   B：我想当老师_____医生。
8. 大家都知道她和男朋友分手了，你别_____了。

> 吃饭、或者、正式、随便、见面、知道、打招呼、明知故问

"你好"是中国人常用的_____的方式。第一次_____的时候、打电话的时候，还有其他_____的场合，中国人常常会说"你好"。在随便的场合，中国人也有他们的打招呼方式。第一种方式是在_____的时间问"吃了吗？"；第二种方式是问"去哪儿啊？"；第三种方式是看见什么就问什么，这种方式叫"_____"。问这些问题的时候，中国人不是真想_____你是不是吃饭了、你想去哪儿_____你在做什么。问这些问题只是打招呼的方式，所以你_____回答就行了。

（二）选择相对应的句子

Choose the corresponding sentences.

A. 听说坐高铁去上海特别快。
B. 酒店附近什么都有。
C. 你以后打算做什么？
D. 不好意思，我没有零钱。
E. 你叫什么名字？
F. 一共多少钱？
G. 请问，超市离这儿远吗？

---

1 毕业典礼：bìyè diǎnlǐ；graduation (ceremony), commencement

乐读 2

例：我叫大卫。　　　　　　　　　　　　　　　　　（　E　）

1. 对，吃饭、买东西什么的都很方便。　　　　　　　（　　）
2. 特别近。你看，那个药店前边就是。　　　　　　　（　　）
3. 没事，找您五毛。　　　　　　　　　　　　　　　（　　）
4. 是的，每小时 350 公里呢！4 个小时就到了。　　　（　　）
5. 我想当一名导游。　　　　　　　　　　　　　　　（　　）

（三）判断所给句子与原句意思是否一致

Decide whether the given sentences are consistent with the original ones in meaning.

例：我会唱歌，可是唱得不怎么样。
　　我会唱歌，而且我唱得不错。　　　　　　　　　（　×　）

1. 现在刚 8 点，飞机还有 4 个小时才起飞呢！
　　飞机 12 点起飞。　　　　　　　　　　　　　　　（　　）
2. 你们的作业做得非常不错！
　　你们的作业做得很不好！　　　　　　　　　　　（　　）
3. 我一会儿打车去公司面试。
　　我打算一会儿坐公共汽车去公司面试。　　　　　（　　）
4. 那家饭馆儿的烤鸭很有名，每次去都得排队等位子。
　　那家饭馆儿的烤鸭很有名，每次去人都很多。　　（　　）
5. 换钱得带护照，取钱不用。
　　取钱不用带护照。　　　　　　　　　　　　　　（　　）

（四）谜语　　Riddles

1. 运动会都有它。（打一个字）_____
2. 一人站在门旁边。（打一个字）_____
3. 西边来了个小女孩儿。（打一个字）_____
4. 又在左边，又在右边。（打一个字）_____

5. 一个游泳，一个吃草；放在一起，味道真好！（打一个字）_____

6. 我有一个好朋友，天天来到我的家。什么事情都知道，就是从来不说话。（打一样东西）_____

（五）笑话　Joke

大熊猫从学校回到家，很不高兴。妈妈问他怎么了，大熊猫说："我们班的同学都不和我一起玩儿了。"

"为什么啊？他们不是都说你的墨镜很酷[1]吗？"

"妈妈，你不知道。我们班新来了一个同学，叫小白兔[2]。现在同学们都和她玩儿，说她的红色隐形[3]眼镜最酷！"

（六）看看下面的字，你认识哪些　Which of the following characters do you know?

说到中国，你会想到什么呢？

天安门		龙	
上海		筷子	
长城		烤鸭	

---

1 酷：kù；Adj；cool
2 白兔：bái tù；white rabbit
3 隐形：yǐnxíng；Adj；invisible

乐读 2

大熊猫		兵马俑	
功夫		京剧	

Dì-èr kè	Shuōhǎo Zhōngguóhuà,
第二课	说好中国话,
	péngyou biàn tiānxià
	朋友遍天下

一、知识银行　Knowledge Bank

（一）常用意符介绍　Introduction to frequently used semantic components

1 宀

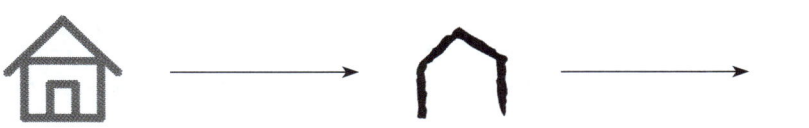

　　宀，甲骨文写作⌒，本义是房子。"宀"部的字多与房屋、建筑有关。

　　"宀", written as "⌒" in oracle bone inscription, originally means "house". Characters with "宀" as a component are mostly related to "house" or "building".

2 衣（衤）

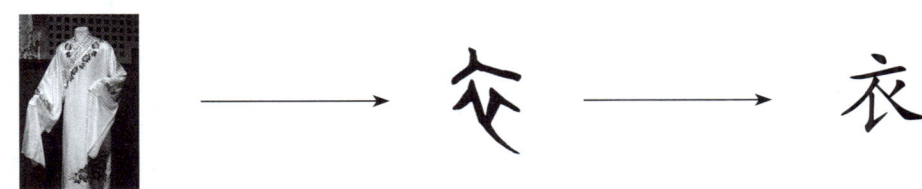

　　衣，甲骨文写作衣，像中国古人穿的长袍。作为意符，在汉字下边的时候写作"衣"，在汉字左边的时候写作"衤"。"衣（衤）"部的字多与衣服有关。

　　"衣", written as "衣" in oracle bone inscription, resembles a gown worn by ancient Chinese. As a semantic component, it is written as "衣" when used at the bottom of a character and as "衤" when used on the left. Characters with "衣（衤）" as a component are mostly related to "clothes".

17

乐读 2

3 土

土，甲骨文写作 🜨 ，像平地上有一个土块。"土"部的字多与土地有关。

"土", written as "🜨" in oracle bone inscription, resembles a clod of soil on the ground. Characters with "土" as a component are mostly related to "soil" or "land".

4 米

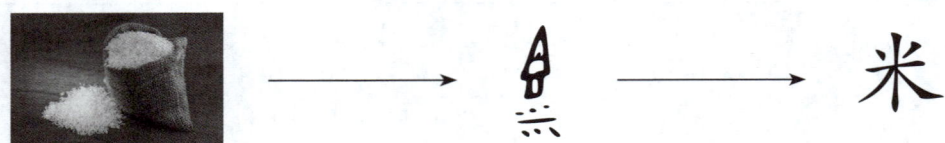

米，甲骨文写作 ✻，像在房子的外面晒米。"米"部的字多与粮食有关。

"米", written as "✻" in oracle bone inscription, resembles rice put outside to be aired and dried. Characters with "米" as a component are mostly related to "grain".

5 戈

戈，金文写作 ✢，是一种作战用的兵器，后泛指武器。"戈"作为意符，一般在字的右边。"戈"部的字多与兵器或战争有关。

"戈", written as "✢" in bronze inscription, is a weapon used in wars. As a semantic component, "戈" is usually used on the right side of a character. Characters with "戈" as a component are mostly related to "weapons" or "war".

练习一下：根据意符猜一猜下面汉字的意思

Exercise: Guess the meanings of the following characters according to their semantic components.

室	shì	land	宝	bǎo	power
装	zhuāng	costume	裤	kù	treasure
地	dì	room	场	chǎng	pants
糕	gāo	war	粮	liáng	field
战	zhàn	cake	威	wēi	grain

（二）常用句式 Frequently used sentence patterns

因为……，所以…… because...

（1）因为明天下雨，所以我们不能去长城了。
（2）因为那个包太贵了，所以我没买。

虽然……，但是…… although...

（1）汉语虽然很难，但是很有意思。
（2）虽然他工作很忙，但是他每天都运动。

练习一下：连线 Exercise: Match

他因为工作很忙	但是不胖
他虽然工作很忙	所以他身体很好
因为每天运动	但是每个周末都和孩子一起出去玩儿
他虽然爱吃肉	所以没时间去看电影

乐读 2

二、集中识字　Recognize the Characters

（一）宀部

室	1. 教室*	jiàoshì	N	classroom
	2. 办公室	bàngōngshì	N	office

办公室在一层，教室在二层。

完	3. 完美	wánměi	Adj	perfect
	4. 完成	wán//chéng	VC	to complete

我们完成了报告，老师说报告做得非常完美。

定	5. 一定	yídìng	Adv	must, to be sure to
	6. 决定	juédìng	V	to decide

我决定从明天开始一定不迟到，一定努力[1]学习。

宾	7. 宾馆	bīnguǎn	N	hotel
客	8. 客人	kèrén	N	guest
	9. 客气*	kèqi	Adj/V	polite; to stand on ceremony

宾馆的老板对这儿的每位客人都很客气。

（二）衣（衤）部

衣	10. 衣服*	yīfu	N	clothes
	11. 衣柜*	yīguì	N	wardrobe

她衣柜里有一百多件衣服，可是她常说自己没有衣服，今天又买了三件。

1　努力：nǔlì；Adj；studious

20

表	12. 表演	biǎoyǎn	V	to perform, to act	表演要用的衣服都在那个红色的袋子里。
袋	13. 袋子	dàizi	N	bag	

裤	14. 裤子	kùzi	N	pants	你去那家商店买裤子吧,那儿的短裤和牛仔裤都非常便宜。
	15. 短裤*	duǎnkù	N	shorts	
	16. 牛仔裤	niúzǎikù	N	jeans	

衬衫裙袜	17. 衬衫	chènshān	N	shirt	她喜欢穿白衬衫、花裙子、白袜子。
	18. 裙子	qúnzi	N	skirt	
	19. 袜子	wàzi	N	sock(s)	

(三) 土部

地	20. 地方	dìfang	N	place	我也不知道这个地方,咱们看看地图吧。
	21. 地图	dìtú	N	map	

场	22. 机场	jīchǎng	N	airport	这个酒店前边有停车场,后边有球场,离机场也不远,真的很方便!就住这儿吧。
	23. 球场*	qiúchǎng	N	field where ball games are played	
	24. 停车场*	tíngchēchǎng	N	parking lot	

城	25. 城市	chéngshì	N	city	这个城市有很多古老的城堡。
	26. 城堡*	chéngbǎo	N	castle	

乐读 2

坏	27. 坏了	huài le		rotten, broken	这些水果都坏了，跟这袋垃圾一起扔¹进垃圾箱吧。
垃	28. 垃圾	lājī	N	trash	
	29. 垃圾箱*	lājīxiāng	N	trash bin	

（四）米部

糕	30. 蛋糕	dàngāo	N	cake	每次他做完蛋糕，厨房²里都是乱七八糟的。他做的蛋糕非常糟糕，一点儿也不好吃。
糟	31. 糟糕	zāogāo	Adj	terrible, bad	
	32. 乱七八糟*	luànqībāzāo		very messy	

糖	33. 糖	táng	N	sugar, candy	孩子都喜欢吃糖。在这个商店，你可以买到五颜六色的口香糖和棒棒糖。
	34. 口香糖*	kǒuxiāngtáng	N	chewing gum	
	35. 棒棒糖*	bàngbàngtáng	N	lollipop	

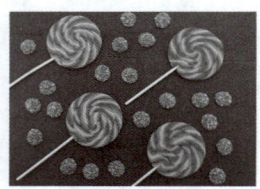

精	36. 精彩	jīngcǎi	Adj	wonderful, fantastic	老师讲得很精彩，可是我听得很糊涂。
糊	37. 糊涂	hútu	Adj	confused	

---

1 扔：rēng；V；to throw

2 厨房：chúfáng；N；kitchen

（五）戈部

成	38. 成绩	chéngjì	N	exam result, score	他的考试成绩在学校里一直是最好的，他以后一定会成为一个成功的人。
	39. 成功	chénggōng	Adj/V	successful; to succeed	
	40. 成为*	chéngwéi	V	to become	

武	41. 武术	wǔshù	N	martial arts	我最喜欢看中国的武打片，因为电影里的人都会武术，他们也不用武器。
	42. 武打片*	wǔdǎpiàn	N	kung fu movie	
	43. 武器*	wǔqì	N	weapon	

三、阅读实践　Reading Comprehension

（一）精读　Intensive Reading

1 生词

1.	演讲	yǎnjiǎng	V	to make a speech, to give a lecture
2.	鼓掌	gǔ//zhǎng	VO	to applaud
3.	原因	yuányīn	N	reason
4.	吃惊	chī//jīng	VO	to be surprised
5.	伟大	wěidà	Adj	great
6.	帮助	bāngzhù	V	to help
7.	挑战	tiǎo//zhàn	VO/N	to challenge; challenge

乐读 2

2 课文《我为什么学中文》

第一步：通读课文，找到下面问题的答案
Read the text and find the answers to the following questions.

> 大卫为什么学中文？你能找出三个原因吗？

今天大卫在教室用中文做了一场精彩的演讲。

"大家好，谢谢你们来听我的演讲。我很高兴来北京学习中文，我爱这个城市。我的中文很糟糕，但是我每天学习中文。我还要多练习。"

虽然大卫的中文说得不是那么完美，但是在座的同学们都给他鼓掌。

演讲结束了，老师问他为什么学中文。他说："有三个原因。第一，我太太是中国人，她的家人说中文，她的爸爸、妈妈、爷爷、奶奶只说中文。我想要跟他们说话。几年以前，我和我的太太决定结婚，我用中文告诉她的家人，她的家人非常吃惊。第二，我想要学习中国文化。中国是一个伟大的国家。我觉得学习语言能帮助我学习文化。第三，中文很难，但是我喜欢挑战。"

第二步：细读课文，根据课文内容判断正误
Read the text carefully and decide whether the following statements are true (T) or false (F).

（1）大卫的演讲没有意思。　　　　　　　　　　　　　　（　　）
（2）同学们给大卫鼓掌，因为他的中文非常好。　　　　　（　　）
（3）大卫太太的家人说中文。　　　　　　　　　　　　　（　　）
（4）大卫觉得学习中文可以帮助他学习中国文化。　　　　（　　）
（5）大卫觉得中文不难。　　　　　　　　　　　　　　　（　　）

第三步：生词积累，为下列各组汉字注音并组词
Write the Pinyin of and make words with the following pairs of characters.

（1）｛糕：（　　　　）_____　　（2）｛讲：（　　　　）_____
　　　精：（　　　　）_____　　　　　诉：（　　　　）_____

（3）$\begin{cases}京：(\qquad) \underline{\qquad} \\ 惊：(\qquad) \underline{\qquad}\end{cases}$　　　（4）$\begin{cases}挑：(\qquad) \underline{\qquad} \\ 跳：(\qquad) \underline{\qquad}\end{cases}$

第四步：朗读课文 Read aloud the text.

（二）扩展阅读　Extended Reading

1 生词

1.	抄	chāo	V	to copy
2.	历史	lìshǐ	N	history
3.	砍价	kǎn//jià	VO	to bargain
4.	图片	túpiàn	N	picture
5.	故事	gùshi	N	story

专有名词 Proper Noun

1.	印尼*	Yìnní		Indonesia

2 课文《我们为什么学汉语，我们怎么学汉语》

第一步：词义理解，根据语境选择加点词语的意思
Choose the meanings of the dotted words according to the context.

（1）我学习汉语的方法（fāngfǎ）是和中国人聊天儿。
　　A. 为什么做一件事　　　B. 怎么做一件事

（2）我喜欢购物（gòuwù），每个周末我都要去商店。
　　A. 吃东西　　　　　　　B. 买东西

第二步：阅读课文，完成课文后的表格
Read the text and complete the table after the text.

"大家好，我是大卫。我的朋友中，很多人都会说一点儿汉语。我觉得汉语

乐读 2

很好听,所以我也来到中国学汉语。我学习汉语的方法是下课以后去中国饭馆儿和中国人聊天儿。当然,我也喜欢吃中国菜。对我来说,最难的是汉字。汉字很难认,也很难写。所以我每天回家以后都练习不看拼音读课文,然后抄课文。"

"你们好,我叫爱妮,是印尼人。我学汉语是因为现在印尼的很多公司都要会说汉语的人。我以后想在印尼的公司工作,所以我来中国学习汉语。我学汉语还因为我喜欢中国的历史和文化。我喜欢购物,所以我学汉语的方法是去中国的商店买东西,先用汉语和老板砍价,然后和老板聊天儿。"

"我叫丁一,是美国人,我现在在美国学汉语。每年有很多中国人来这儿旅游,他们在饭馆儿常常不太会点菜,因为菜单上没有图片。他们也常常问路,但是我们这儿很少有人会说汉语。我学汉语是因为我想帮助他们。我学汉语的方法是读汉语故事、看中国电影,周末的时候我去中文学校。"

人物	在哪儿学汉语	为什么学汉语	怎么学汉语
大卫	中国	① _____ ② 汉语很好听	① 下课后去中国饭馆儿和中国人聊天儿 ② _____
爱妮	中国	① 以后想在印尼的公司工作,现在印尼有很多公司都要会说汉语的人 ② _____	去中国的商店买东西,先用汉语和老板砍价,然后和老板聊天儿
丁一	_____	去美国旅游的中国人很多,他们点菜和问路的时候需要帮助,但是那儿会说汉语的人很少	① _____ ② _____

第三步: 说说你为什么学汉语,你怎么学汉语

Discussion: Why do you learn Chinese and how do you learn it?

（三）信息查找　Search the Information

学习汉语遇到的困难
汉字很难写
发音很难
以前学的生词都忘了
作业太难，不会做
听力不好，常常听不懂中国人说什么
口语不好，说得不流利（liúlì）
汉语很难，觉得自己学不会

克服困难的方法
每天看中国电影，一边看字幕（zìmù）一边听对话
和同学一起做作业，不会的可以问他们
多用汉语和中国人聊天儿，多说
每天抄生词和课文，这样可以记住汉字
每天读课文，让老师或中国朋友听自己的发音
对自己有信心（xìnxīn），相信自己能成功
经常复习，这样不容易忘

（1）两人一组，一个人读学习汉语遇到的困难，另一个人找到相应的解决办法并读出来。Pair work: One reads the difficulties in learning Chinese, and the other finds the corresponding solutions and read them out.

（2）根据上下文，试着用自己的话解释加点词的意思。Explain the dotted words according to the context.

四、汉字小故事　Stories of Chinese Characters

中国

"中国"这个词已经有3000多年的使用历史了。但是，3000多年以前人们说的"中国"不等于我们今天说的"中国"。那3000多年以前的"中国"是什么意思呢？

乐读 2

原来，3000多年以前商朝的都城位于商朝疆域的中心，所以人们叫它"中国"，意思是"在中心位置的都城"。

关于"中国"这个名字，还有一种说法：古代的中国人以为他们住的地方在世界的中心，所以叫它"中国"，意思就是"在世界中心的国家"。

1 生词

1.	等于	děngyú	V	to be equal/equivalent to
2.	意思	yìsi	N	meaning
3.	商朝*	Shāngcháo	PN	Shang Dynasty (1600 B.C.–1046 B.C.)
4.	都城*	dūchéng	N	capital city
5.	疆域*	jiāngyù	N	territory
6.	世界	shìjiè	N	world

2 练习：根据课文选择正确答案

（1）"中国"这个词有_____的使用历史。
    A. 三百多年　　　　B. 三万多年　　　　C. 三千多年

（2）关于"中国"这个名字的由来，其中一种说法是_____。
    A. 商朝的都城在世界的中心
    B. 古代的中国人以为自己住在世界的中心
    C. 古代的中国人以为自己住在亚洲的中心

五、挑战自己　Challenge Yourself

（一）选词填空　Fill in the blanks with the words.

> 乱七八糟、机场、地方、吃惊、糟糕、字幕、衣服、坏了

1. 电影没有英文_____，我看不懂。

2. 那个 _____ 特别冷，你得多带点儿 _____。

3. 他会说五种语言，这让我很 _____。

4. 我的手机 _____，我得去买一个新的。

5. 酒店离 _____ 不远，住在这儿很方便。

6. _____！我忘了带护照！

7. 看看你的房间，_____ 的！赶快打扫！

> 难、文化、结婚、吃惊、鼓掌、精彩、糟糕、挑战

今天大卫在教室用中文做了一场 _____ 的演讲。虽然他的中文有点儿 _____，但是同学们都给他 _____。老师问他为什么学中文，他说他学中文有三个原因。第一，他太太是中国人，她的家人说中文。几年以前，他和他的太太决定 _____，他用中文告诉她家人的时候，她的家人非常 _____。第二，他喜欢中国 _____。第三，中文很 _____，但是他喜欢 _____。

（二）选择相对应的句子

Choose the corresponding sentences.

A. 那家商店的裤子都很便宜。
B. 老板对每个人都很客气。
C. 去机场，往东开还是往西开？
D. 她又买什么了？
E. 你的房间怎么乱七八糟的？
F. 她已经有一百件衣服了。

1. 所以谁都喜欢他。　　　　　　　　　　　　　　（　　）
2. 真的吗？她今天又买了三件。　　　　　　　　　（　　）
3. 便宜是便宜，但是质量不太好。　　　　　　　　（　　）
4. 我也不知道，咱们先看看地图吧。　　　　　　　（　　）
5. 服务员今天忘了打扫。　　　　　　　　　　　　（　　）

乐读 2

（三）判断所给句子与原句意思是否一致

Decide whether the given sentences are consistent with the original ones in meaning.

1. 我决定从明天开始，上课一定不迟到，一定努力学习。

   我以前上课不迟到，学习也很努力。　　　　　　　　　（　　　）

2. 这些城堡都非常古老。

   这些城堡的历史很短。　　　　　　　　　　　　　　　（　　　）

3. 老师讲得很精彩。

   老师讲得很好。　　　　　　　　　　　　　　　　　　（　　　）

4. 我的中文现在还很糟糕，但是我每天都练习。

   虽然我的中文已经很好了，但我还是每天都练习。　　　（　　　）

5. 中文很难，但是我喜欢挑战。

   中文很难，所以我不打算学。　　　　　　　　　　　　（　　　）

（四）谜语　Riddles

1. 他有你没有，地有天没有。（打一个字）_____

2. 有人不是你我，有土可以种花。（打一个字）_____

3. 走在上边，坐在下边，坏在左边，吐在右边。（打一个字）_____

4. 上不在上，下不在下，人有它大，天没有它大。（打一个字）_____

5. 有山没有树，有河没有水，有国没有家，旅游常用它。（打一个常用的东西）_____

（五）笑话　Joke

有一只蟑螂[1]，每天学习武术。它学会了以后，高高兴兴地去了一个酒吧，决定给酒吧里的客人表演。

它跳上了一个客人的桌子，然后就开始表演。客人看到蟑螂精彩的表演后很吃惊，就想叫所有的人来看。他大叫："看，我这儿有一只蟑螂……"话还没说完，一个服务员就飞快地跑过来把蟑螂打死了，然后对那个客人说："对不起，先生，我马上给您换一杯！"

---

[1] 蟑螂：zhāngláng；N；cockroach

（六）看看下面的字，你认识哪些　Which of the following characters do you know?

你学习汉语的目标[1]是什么？

- 认识很多汉字
- 帮助来我们国家旅游的中国人
- 说一口流利的汉语，然后在中国工作
- 看懂中国电影
- 在中国买东西能用汉语砍价
- 了解中国历史和文化
- 能用汉语和中国人聊天儿，希望他们说我的发音很好

1　目标：mùbiāo；N；goal, target

第三课 不到长城非好汉，不吃烤鸭真遗憾
Dì-sān kè　Bú dào Chángchéng fēi hǎohàn, bù chī kǎoyā zhēn yíhàn

一、知识银行　Knowledge Bank

（一）常用意符介绍　Introduction to frequently used semantic components

1　肉（月）

肉，古文字写作 ⺼，像一条肉。作为意符，大都在汉字的左边或下边，有时也写作"月"。"肉"部的字多与身体和器官有关。

"肉", written as "⺼" in ancient scripts, resembles a piece of meat. As a semantic component, it is usually used on the left side or at the bottom of a character and sometimes also written as "月". Characters with "肉（月）" as a component are mostly related to "body" or "organ".

2　鸟

鸟，甲骨文写作 ，像一只鸟。"鸟"部的字多与鸟类有关。

"鸟", written as " " in oracle bone inscription, resembles a bird. Characters with "鸟" as a component are mostly related to "bird".

3 艹

"艹",古文字写作"𦫰",像小草形。作为意符,常常在汉字的上边。"艹"部的字多与植物有关。

"艹", written as "𦫰" in ancient scripts, resembles grass. As a semantic component, it is usually used at the top of a character. Characters with "艹" as a component are mostly related to "plant".

4 火(灬)

火,甲骨文写作"🔥",像火焰形。作为意符,在汉字左边时通常写作"火",在汉字下边时通常写作"灬"。"火(灬)"部的字多与火、热等意思有关。

"火", written as "🔥" in oracle bone inscription, resembles fire. As a semantic component, it is written as "火" when used on the left side of a character and as "灬" when used at the bottom. Characters with "火(灬)" as a semantic component are mostly related to "fire" or "heat".

5 食(饣)

食,甲骨文写作"🍱",像一个有盖子的食器。作为意符,常常在汉字的左边,写作"饣"。"食(饣)"部的字多与食物有关。

"食", written as "🍱" in oracle bone inscription, resembles a food container with a lid. As a semantic component, it is usually used on the left side of a character and written as "饣". Characters with the "食(饣)" as a component are mostly related to "food".

乐读 2

📝 **练习一下**：根据意符猜一猜下面汉字的意思

Exercise: Guess the meanings of the following characters according to their semantic components.

肝	gān	pancake	肺	fèi	eagle
鹅	é	berry	鹰	yīng	lung
烧	shāo	liver	煮	zhǔ	greedy
饼	bǐng	goose	馋	chán	grass
莓	méi	to burn	草	cǎo	to boil

（二）常用句式　Frequently used sentence patterns

不是……，而是…… not..., but...

It is used to negate the former and affirm the latter.

（1）这不是故事，而是真事。
（2）我没买那条裙子不是因为不好看，而是因为太贵了。

要是……，就…… if..., then...

It is used to indicate that some result will appear under a certain condition.

（1）要是明天下雨，我们就不去了。
（2）我们需要你的帮助。你要是能来，就太好了。

📝 **练习一下**：选择正确的关联词　Exercise: Choose the correct connective words.

1. 我 _____ 不想买，_____ 没有钱买。
　　A. 不是；而是　　　B. 虽然；但是　　　C. 先；然后

2. 你 _____ 早点儿告诉我，我 _____ 不去了。
　　A. 不是；而是　　　B. 因为；所以　　　C. 要是；就

3. _____ 英语以外，我 _____ 会说法语。
　　A. 先；然后　　　　B. 除了；也　　　　C. 要是；就

4. 你 _____ 明天有时间，咱们 _____ 去看电影吧。
　　A. 虽然；但是　　　B. 因为；所以　　　C. 要是；就

二、集中识字　Recognize the Characters

（一）肉（月）部

肉					
	1. 牛肉*	niúròu		beef	猪肉和鸡肉便宜，牛肉比较贵。
	2. 鸡肉*	jīròu		chicken	
	3. 猪肉*	zhūròu		pork	

肚					
	4. 肚子	dùzi	N	belly, tummy	他每天喝啤酒，所以肚子越来越大，有了啤酒肚，还常常拉肚子。
	5. 啤酒肚*	píjiǔdù	N	beer belly	
	6. 拉肚子	lā dùzi		to suffer from diarrhoea	

脸					
	7. 洗脸*	xǐ liǎn		to wash one's face	妈妈问她为什么没洗脸，她觉得很丢脸，所以脸红了。
	8. 丢脸	diū//liǎn	VO	to lose face	
	9. 脸红*	liǎn//hóng	V	to blush	

脑					
	10. 大脑	dànǎo	N	brain	电脑比人的大脑聪明，你同意吗？
	11. 电脑*	diànnǎo	N	computer	

服					
	12. 衣服*	yīfu	N	clothes	那家店的服务好，做的衣服也好，所以我推荐[1]你去那儿做西服。
	13. 西服*	xīfú	N	Western-style suit	
	14. 服务	fúwù	V	to serve	

1　推荐：tuījiàn；V；to recommend

乐读 2

| 腿 | 15. 火腿 * | huǒtuǐ | N | ham | 那个有火腿和香肠的比萨[1]看起来不错。 |
| 肠 | 16. 香肠 * | xiāngcháng | N | sausage | |

肤	17. 皮肤 *	pífū	N	skin	每天吃水果对皮肤好,多吃牛肉可以长肌肉。少喝酒！喝酒对肝和心脏都不好。
肌	18. 肌肉 *	jīròu	N	muscle	
肝	19. 肝 *	gān	N	liver	
脏	20. 心脏 *	xīnzàng	N	heart	

(二) 鸟部

| 鸟 | 21. 鸟 | niǎo | N | bird | A：那个红色的是什么鸟？
B：那是火烈鸟。 |
| | 22. 火烈鸟 * | huǒlièniǎo | N | flamingo | |

鸡	23. 鸡蛋	jīdàn	N	egg	我们买了火鸡和鸡蛋,还自己做了鸡尾酒。
	24. 火鸡 *	huǒjī	N	turkey	
	25. 鸡尾酒 *	jīwěijiǔ	N	cocktail	

---

1 比萨：bǐsà；N；pizza

（三）艹部

蕉	26. 香蕉	xiāngjiāo	N	banana
莓	27. 草莓	cǎoméi	N	strawberry
	28. 蓝莓*	lánméi	N	blueberry

妈妈说吃草莓对皮肤好，爸爸说吃蓝莓对眼睛好，爷爷、奶奶说吃香蕉对心脏好。但是我最喜欢吃苹果，因为人们常说"每天吃苹果，医生远离我"。

菜	29. 蔬菜	shūcài	N	vegetable
	30. 生菜*	shēngcài	N	lettuce
	31. 菠菜*	bōcài	N	spinach

A：你的三明治[1]加什么蔬菜？
B：加一点儿生菜、一点儿菠菜，谢谢。

茶	32. 红茶	hóngchá	N	black tea
	33. 绿茶	lǜchá	N	green tea
	34. 茉莉花茶	mòlìhuāchá		jasmine tea

我吃完早饭喝绿茶，吃完午饭喝红茶。去饭馆儿吃饭的时候，我喝茉莉花茶。

花	35. 花	huā	N	flower
	36. 花园*	huāyuán	N	garden
	37. 花生*	huāshēng	N	peanut
	38. 西蓝花*	xīlánhuā	N	broccoli

我家的花园里没有花，只有奶奶种[2]的花生和西蓝花。

---

1 三明治：sānmíngzhì；N；sandwich
2 种：zhòng；V；to plant

乐读 2

药	39. 中药*	zhōngyào	N	traditional Chinese medicine	药店里有中药，也有西药。
	40. 西药*	xīyào	N	Western medicine	
	41. 药店	yàodiàn	N	pharmacy	

(四) 火 (灬) 部

炒	42. 炒	chǎo	V	to stir-fry	我吃炒饭和西红柿炒鸡蛋，他吃炒面和西蓝花炒鸡蛋。
	43. 炒饭*	chǎofàn	N	fried rice	

烧	44. 发烧	fā//shāo	V	to have a fever	我发烧了，不能和你去吃烤鸭和烧烤了。
烤	45. 烧烤*	shāokǎo	N	barbecue	
	46. 烤鸭	kǎoyā	N	roast duck	

热	47. 热	rè	Adj	hot	这儿的天气不热，可是这儿的人特别热情，晚上也很热闹。
	48. 热情	rèqíng	Adj	hospitable	
	49. 热闹	rènao	Adj	lively	

照	50. 照相	zhào//xiàng	VO	to take a photo	我们今天去照相，明天就可以取照片。取照片不用带护照。
	51. 照片	zhàopiàn	N	photo	
	52. 护照*	hùzhào	N	passport	

(五) 食 (饣) 部

| 食 | 53. 食堂* | shítáng | N | canteen | 今天我给大家介绍一下学校食堂里的美食。 |
| | 54. 美食* | měishí | N | delicious food | |

馆	55. 饭馆儿	fànguǎnr	N	restaurant	我现在不在图书馆，我在饭馆儿。吃完饭我要去历史博物馆。
	56. 图书馆	túshūguǎn	N	library	
	57. 博物馆*	bówùguǎn	N	museum	

饺	58. 饺子	jiǎozi	N	dumpling	运动完以后我很饿，所以我去食堂吃了30个饺子，现在我饱了。
饿	59. 饿	è	Adj	hungry	
饱	60. 饱	bǎo	Adj	full	

餐	61. 中餐*	zhōngcān	N	Chinese food	这家饭馆儿有中餐，也有西餐。我点了套餐，买了一包餐巾纸。
	62. 西餐*	xīcān	N	Western food	
	63. 套餐*	tàocān	N	set meal, combo	
	64. 餐巾纸	cānjīnzhǐ	N	napkin, tissue	

乐读 2

三、阅读实践　Reading Comprehension

（一）精读　Intensive Reading

1 生词

1.	老百姓	lǎobǎixìng	N	common people, ordinary people
2.	皇帝	huángdì	N	emperor
3.	肥而不腻*	féi'érbúnì	IE	fat but not greasy
4.	脆	cuì	Adj	crispy

专有名词 Proper Nouns

1.	明朝*	Míngcháo	Ming Dynasty (1368–1644)
2.	朱元璋*	Zhū Yuánzhāng	the first emperor of Ming Dynasty
3.	全聚德*	Quánjùdé	Quanjude Roast Duck Restaurant

2 课文《北京烤鸭》

第一步：通读课文，找到下面问题的答案
Read the text and find the answers to the following questions.

> 1. 来北京的外国人有哪两件事一定要做？
> 2. 北京最有名的烤鸭店叫什么？

　　来北京的外国人有两件事是一定要做的：一个是去长城，一个是吃烤鸭。

　　北京烤鸭有很长的历史，老百姓喜欢吃，皇帝也喜欢吃。据说明朝皇帝朱元璋"日食烤鸭一只"，所以明朝的时候已经有了很多做烤鸭的高手。

　　北京最有名的烤鸭店是"全聚德"。中国人知道全聚德，越来越多的外国人也知道全聚德，全聚德现在可以说是闻名世界了。全聚德为什么这么有名？因为他们做的烤鸭颜色漂亮，鸭肉肥而不腻。除了鸭肉以外，你在全聚德还能吃到鸭皮。鸭皮非常脆，和白糖一起吃味道是最好的。鸭子在烤的时候油已经烤出去了，所以爱漂亮的女孩儿们也不用担心吃烤鸭会长胖。

第二步：细读课文，根据记忆填空
Read the text carefully and fill in the blanks according to your memory.

（1）来北京的外国人差不多都要_____和_____。

（2）北京烤鸭的_____很长。_____喜欢吃，_____也喜欢吃。

（3）"全聚德"是北京最_____的烤鸭店。他们做的烤鸭颜色_____，鸭肉肥而不腻。鸭皮非常_____，和_____一起吃味道是最好的。

（4）女孩儿们不用担心吃烤鸭会长_____。

第三步：词义理解，根据上下文用自己的话解释下面加点的词语
Explain the following dotted words and expressions using your own words based on the context.

（1）据说明朝皇帝朱元璋"日食烤鸭一只"。
　　　_____

（2）明朝的时候已经有了很多做烤鸭的高手。
　　　_____

（3）全聚德现在可以说是闻名世界了。
　　　_____

第四步：朗读课文 Read aloud the text.

（二）扩展阅读　Extended Reading

1 生词

1. 耳朵	ěrduo	N	ear
2. 冻烂 *	dònglàn		to be frostbitten

乐读 2

3.	把	bǎ	Prep	used when the object is put before the verb
4.	辣椒	làjiāo	N	chili
5.	放	fàng	V	to put
6.	形状	xíngzhuàng	N	shape
7.	煮	zhǔ	V	to boil
8.	各种各样	gèzhǒng-gèyàng	IE	various, all kinds of
9.	宴*	yàn		banquet

专有名词 Proper Noun

| 1. | 张仲景* | Zhāng Zhòngjǐng | a famous medical practitioner in the Eastern Han Dynasty (25—220) |

2 课文《_____》

第一步： 通读课文，为课文选择一个最合适的标题
Read the text and choose the most appropriate title for the text.

A. 名医张仲景　　B. 西安饺子宴　　C. 饺子的历史

饺子在中国已经有1800多年的历史了。传说，1800多年以前，饺子不是中国人的主食，而是药。据说，有一年的冬天特别冷，很多人的耳朵冻烂了。有一个叫张仲景的名医看到了，想帮助他们。他把羊肉、辣椒和中药放在面里边，包成耳朵的形状，用水煮好以后送给那些人吃。过了十多天，那些人的耳朵就都好了。

后来，人们学他的方法，把各种各样的菜和肉包在面里边，饺子就变成了中国人桌子上常见的主食，不再是药了。

要是你有机会去西安，就一定要尝尝那儿有名的饺子宴。在那儿，你能吃到100种饺子呢！

第二步：通读课文，然后判断正误
Read the text and decide whether the following statements are true (T) or false (F).

（1）饺子在中国已经有很长的历史了。　　　　　　　　　　（　　）
（2）1800多年以前，饺子就已经是中国人常见的主食了。　　（　　）
（3）张仲景做的"饺子"里边只有羊肉和辣椒。　　　　　　　（　　）
（4）张仲景做的"饺子"是耳朵形状的。　　　　　　　　　　（　　）
（5）现在的饺子是一种主食，不是药。　　　　　　　　　　（　　）
（6）北京的饺子宴有各种各样的饺子。　　　　　　　　　　（　　）

第三步：生词积累，为下列各组汉字注音并组词
Write the Pinyin of and make words with the following pairs of characters.

（1） ┌ 饺：（　　　　）_____
　　　└ 校：（　　　　）_____

（2） ┌ 形：（　　　　）_____
　　　└ 影：（　　　　）_____

（3） ┌ 冬：（　　　　）_____
　　　└ 图：（　　　　）_____

（4） ┌ 名：（　　　　）_____
　　　└ 各：（　　　　）_____

第四步：朗读课文

（三）信息查找　Search the Information

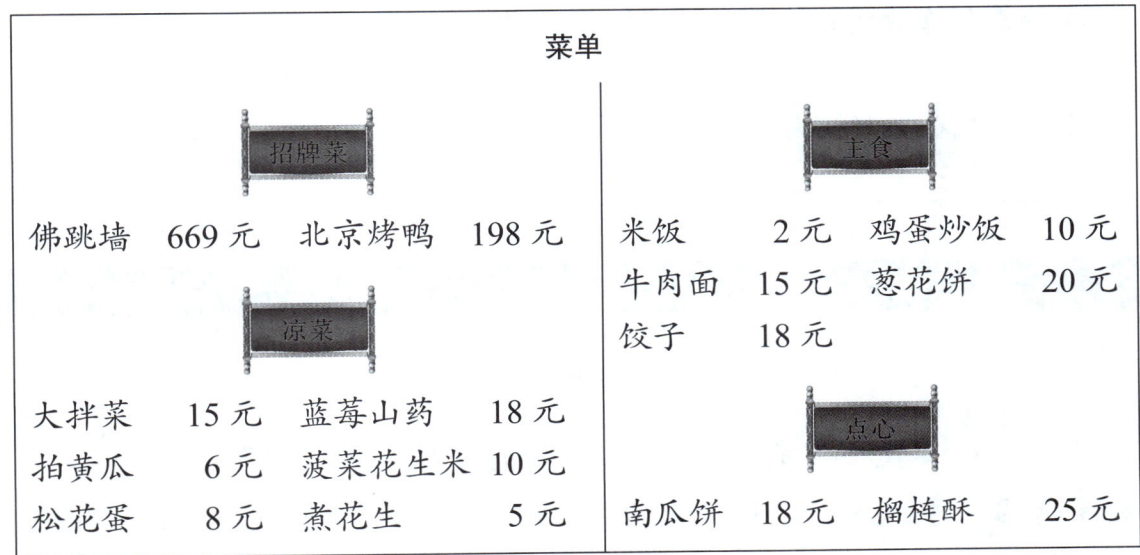

乐读 2

 热菜		 饮料、汤	
西红柿炒鸡蛋 12元	地三鲜 15元	矿泉水 2元	可口可乐 10元
清炒西蓝花 12元	宫保鸡丁 20元	雪碧 10元	啤酒 12元
铁板牛肉 36元	麻婆豆腐 10元	菊花茶 15元	茉莉花茶 15元
糖醋里脊 28元	干煸豆角 18元	苹果汁 15元	橙汁 15元
		酸辣汤 15元	西红柿鸡蛋汤 10元

送餐电话：12345678900

（1）这个饭馆儿的招牌菜是什么？

（2）这个饭馆儿有几个凉菜？

（3）如果你喜欢吃鸡肉，你可以点哪个热菜？

（4）这个饭馆儿最贵的热菜是什么？

（5）如果你喜欢吃面条儿，你可以点什么主食？

（6）如果你喜欢喝茶，你可以点什么饮料？

（7）这个饭馆儿的送餐电话是多少？

四、汉字小故事　Stories of Chinese Characters

学和教

　　"学"和"教"都是会意字。"学"的繁体字是"學"，古文字写作 ，
 和 是两只手，两只手的中间是一些小木棍（ ）， 是房子，房子里有
一个孩子（ ）。这个字的意思是孩子在房子里用小木棍学习算术。

我们再看看"教",古文字写作 𝘢。※是小木棍,𠂇是孩子,字的右边是一只手和一根长木棍。这个字的意思是一个人手里拿着一根教鞭正在教孩子算术。

怎么样?汉字是不是特别有意思?

1 生词

1. 繁体字	fántǐzì	N	the traditional complex form of a simplified Chinese character
2. 木棍 *	mùgùn		wooden stick
3. 教鞭 *	jiàobiān	N	pointer stick

2 练习:根据课文选择正确答案

(1)"學"是"学"的_____。
   A. 甲骨文　　　　　B. 繁体字　　　　　C. 读音

(2)根据上下文,"算术"可能和下面哪项有关?
   A. $1+1=2$　　B. $2H_2 + O_2 = 2H_2O$　　C. $NH_2-\underset{H}{\overset{R}{C}}-COOH$

(3)"学"和"教"都是_____。
   A. 象形字　　　　　B. 会意字　　　　　C. 形声字

五、挑战自己　Challenge Yourself

(一)选词填空　Fill in the blanks with the words.

各种各样、热闹、药店、服务、皇帝、皮肤、拉肚子、蔬菜、电脑、热情

1. 我喜欢吃肉,不喜欢吃_____。
2. 他下午吃了5个冰激凌,晚上_____了。

乐读 2

3. 我的_____坏了，不能上网了。
4. 每天吃西红柿对_____好。
5. 这个酒店的_____不好，服务员一点儿也不_____。
6. 他发烧了，我去_____帮他买药。
7. 小吃街每天晚上都很_____。
8. 故宫以前是_____生活和工作的地方，老百姓是不能进去的。
9. 青岛有好喝的啤酒，还有_____的海鲜。

> 脆、胖、白糖、长城、担心、皇帝、颜色、历史、烤鸭、有名

来北京的外国人有两件事是一定要做的：一个是去_____，一个是吃_____。北京烤鸭有很长的_____，老百姓喜欢吃，_____也喜欢吃。北京最_____的烤鸭店是"全聚德"。全聚德的烤鸭_____漂亮，鸭肉肥而不腻。除了鸭肉以外，你还可以吃鸭皮。鸭皮非常_____，和_____一起吃味道是最好的。鸭子在烤的时候油已经烤出去了，所以爱漂亮的女孩儿们也不用_____吃烤鸭会长_____。

（二）选择相对应的句子
Choose the corresponding sentences.

A. 那家店衣服质量好，服务也好。
B. 您要加什么蔬菜吗？
C. 什么时候开始拉肚子的？
D. 你喜欢吃蔬菜吗？
E. 你怎么了？
F. 那儿天气很冷。

1. 昨天晚上。（　　）
2. 真的吗？我周末去看看，我正想做一套西服呢。（　　）
3. 要一点儿生菜就行，别的不要。（　　）
4. 发烧了，38.5℃。（　　）
5. 是的，但是人很热情。（　　）

（三）判断所给句子与原句意思是否一致

Decide whether the given sentences are consistent with the original ones in meaning.

1. 电脑怎么会比人脑聪明呢？

   电脑比人脑聪明。（   ）

2. 到了晚上，哪儿都很热闹。

   晚上的时候，没有一个地方是热闹的。（   ）

3. 我们买了水果和蔬菜，还自己做了三明治。

   三明治不是买的，而是我们自己做的。（   ）

4. 我妈妈是一个讲故事的高手。

   我妈妈是一个讲故事讲得特别好的人。（   ）

5. 北京烤鸭早就闻名世界了。

   别的国家的人没听说过北京烤鸭。（   ）

（四）谜语　Riddles

1. 十五天。（打一个字）_____

2. 两个月。（打一个字）_____

3. 鸡又走了。（打一个字）_____

4. 七人头上长了草。（打一个字）_____

5. 没头没眼睛的鸟。（打一个字）_____

6. 什么腿不会走？（打一样吃的东西）_____

7. 什么东西越洗越脏？（打一种液体，A liquid）_____

8. 小时候四条腿，年轻时两条腿，老了以后三条腿。（打一种生物，A creature）_____

乐读 2

(五) 笑话 Joke

小王开车路过一家饭馆儿。他看见门口写着"烤鸭 66元/只",很想吃。小王看了看钱包,里边只有65块钱。这时,他看见饭馆儿门口坐着一个乞丐[1],就走过去跟乞丐说:"你好,你能不能给我一块钱,我想买一只烤鸭吃。"

乞丐看了他一眼,给了他两块钱,说:"我给你两块,你帮我也买一只。"

(六) 看看下面的字,你认识哪些 Which of the following characters do you know?

外国人最喜欢的中国美食 Top 10

烤鸭		糖醋里脊 Sweet & sour pork	
小笼包 Steamed small meat buns in a basket		饺子	
宫保鸡丁 Diced chicken with peanuts		火锅 Hot pot	
麻婆豆腐 Hot & spicy tofu		干煸豆角 Dry-fried green beans	
蛋炒饭 Fried rice with eggs		春卷儿 Spring rolls	

---

1 乞丐:qǐgài;N;beggar

第四课 Dì-sì kè
黑毛黑，白毛白，圆圆胖胖真可爱
Hēi máo hēi, bái máo bái, yuányuán pàngpàng zhēn kě'ài

一、知识银行　Knowledge Bank

（一）常用意符介绍　Introduction to frequently used semantic components

1 竹（⺮）

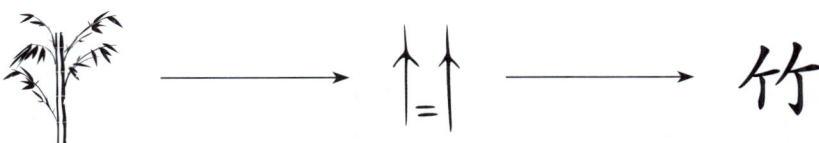

　　竹，金文写作 ⺮，像高高的竹子。作为意符，常常在汉字的上边，写作"⺮"。"⺮"部的字多与竹子有关。

　　"竹", written as "⺮" in bronze inscription, resembles a tall bamboo. As a semantic component, it is usually used at the top of a character and written as "⺮". Characters with "⺮" as a semantic component are mostly related to "bamboo".

2 心（忄）

　　心，金文写作 心，像心脏形。作为意符，在汉字下边时通常写作"心"，在汉字左边时通常写作"忄"。古代中国人认为，心是思维器官，因此"心（忄）"部的字多与思维活动、心理活动有关。

　　"心", written as "心" in bronze inscription, resembles a heart. As a semantic component, it is written as "心" when used at the bottom of a character and as "忄" when used on the left side.

乐读 2

Ancient Chinese considered the heart as the organ of thoughts, so characters with " 心（忄）" as a component are mostly related to "mental and psychological activities".

3 口

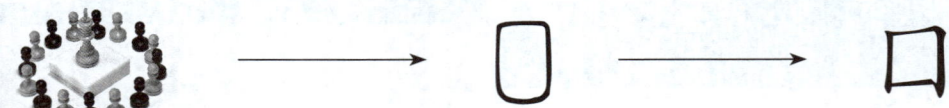

口，古文字写作 ▢，像围起来的一块地方。"口"作为意符，通常把汉字的其他部分包围起来。"口"部的字多有边界、包围义有关。

"口" is written as "▢" in ancient scripts. As a semantic component, "口" surrounds other components of a character. Characters with "口" as a component are mostly related to "border" or "to surround".

4 贝

贝，金文写作 ⟨⟩，像一只张开嘴的蛤蜊。中国古时候，贝壳是被当作货币来使用的，因此"贝"部的字多与钱财、贸易有关。

"贝", written as "⟨⟩" in bronze inscription, resembles a clam with its shell open. In ancient China, shells were used as money. Therefore, characters with "贝" as a component are mostly related to "money" or "trade".

5 犬（犭）

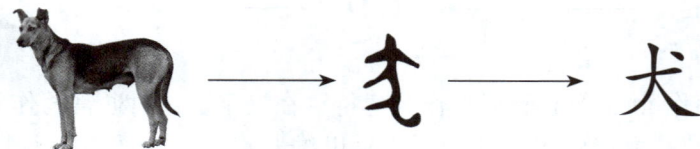

犬，甲骨文写作 ᚎ，像一只狗。作为意符，在汉字左边时写作"犭"，在汉字右边和下边时写作"犬"。"犬（犭）"部的字多与动物有关。

"犬", written as "ᚎ" in oracle bone inscription, resembles a dog. As a semantic component, it is written as "犭" when used on the left side of a character and "犬" when used on the right side or at the bottom. Characters with "犬（犭）" as a component are mostly related to "animal".

练习一下：根据意符猜一猜下面汉字的意思

Exercise: Guess the meanings of the following characters according to their semantic components.

篮	lán		lion	笋	sǔn		prisoner
急	jí		basket	怕	pà		fear
围	wéi		worried	囚	qiú		bamboo shoot
贷	dài		to surround	赔	péi		wolf
狮	shī		loan	狼	láng		to compensate

（二）常用句式　Frequently used sentence patterns

连……都/也…… even…

It is used to emphasize something surprising, outstanding or extreme.

（1）连老师都不认识这个字。
（2）你怎么连这个词都不会？是不是昨天没复习啊？

练习一下：完成句子 Exercise: Complete the sentences.

> A. 他连西药都不吃　B. 连1块都没有　C. 连觉都没睡

1. 我昨天复习了一个晚上，_____。
2. A：你能借我10块钱吗？
   B：10块？我_____。
3. _____，中药那么苦，他更不吃了。

二、集中识字　Recognize the Characters

(一) 竹 (⺮) 部

笑	1. 笑话	xiàohua	N	joke
	2. 开玩笑	kāi wánxiào		to joke
	3. 搞笑	gǎoxiào	Adj	funny, hilarious

我们班新来了一个很搞笑的同学，他最喜欢讲笑话，还常常开玩笑。

箱	4. 行李箱	xínglixiāng	N	baggage, luggage
	5. 烤箱*	kǎoxiāng	N	oven
	6. 冰箱	bīngxiāng	N	refrigerator

房间里有冰箱和烤箱，可以做饭，所以不用带太多东西，一个行李箱就够了。

| 筷 | 7. 筷子 | kuàizi | N | chopstick(s) |
| 笨 | 8. 笨* | bèn | Adj | stupid, clumsy |

他很快就学会用筷子了，一点儿也不笨。

| 简 | 9. 简单 | jiǎndān | Adj | simple, easy |
| 答 | 10. 回答 | huídá | V | to answer |

我昨天没复习，上课的时候，老师问简单的问题，我也不会回答。

签	11. 签名	qiānmíng	N	signature
筑	12. 建筑*	jiànzhù	N	architecture
	13. 建筑师*	jiànzhùshī	N	architect

这个建筑师非常有名，我去找他要签名。

52

（二）心（忄）部

忙快	14. 忙	máng	Adj	busy	忙的时候我喜欢吃快餐，吃快餐让我很快乐。
	15. 快乐*	kuàilè	Adj	happy, cheerful	
	16. 快餐*	kuàicān	N	fast food	

懂怪惯	17. 懂	dǒng	V	to understand	他白天睡觉，晚上学习。我不懂他的生活习惯为什么这么奇怪。
	18. 奇怪	qíguài	Adj	strange, weird	
	19. 习惯	xíguàn	N	habit	

意	20. 意思*	yìsi	N	meaning	我懂你的意思，也愿意听你的意见，可我还是不同意你这么做。
	21. 意见*	yìjiàn	N	opinion	
	22. 同意	tóngyì	V	to agree	
	23. 愿意	yuànyì	V	to be willing to	

感	24. 感觉	gǎnjué	V/N	to feel; feeling	我感冒了，一个星期没去上班。昨天朋友们来看我，我很感动。今天我感觉好多了。
	25. 感冒	gǎnmào	V	to catch a cold	
	26. 感动*	gǎndòng	Adj	moved	

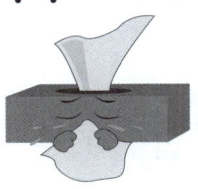

惊懒想	27. 吃惊*	chī//jīng	VO	to be surprised	我们都很吃惊，没想到这个懒人有这么好的想法！
	28. 懒*	lǎn	Adj	lazy	
	29. 没想到	méi xiǎngdào		to have not expected	
	30. 想法*	xiǎngfa	N	idea	

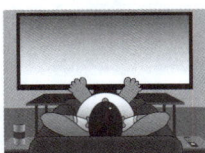

乐读 2

（三）口部

国	31. 国家 *	guójiā	N	country, nation	每个国家都有国宝。你知道中国的国宝是什么吗？
	32. 国宝	guóbǎo	N	national treasure	

园	33. 公园	gōngyuán	N	park	爷爷、奶奶喜欢去公园，爸爸、妈妈喜欢去植物园，妹妹喜欢去动物园，我最喜欢去游乐园。
	34. 动物园	dòngwùyuán	N	zoo	
	35. 植物园 *	zhíwùyuán	N	botanical garden	
	36. 游乐园 *	yóulèyuán	N	amusement park	

图	37. 图片 *	túpiàn	N	picture	图书馆有一本介绍西安的书，里边有好多图片，也有地图。去旅游以前，你可以看看。
	38. 地图 *	dìtú	N	map	
	39. 图书馆 *	túshūguǎn	N	library	

（四）贝部

贝	40. 宝贝 *	bǎobèi	N	(used to address one's child or lover) darling, baby	宝贝，这个书包太贵了，质量也不好。咱们不买了，好不好？
贵	41. 贵	guì	Adj	expensive	
质	42. 质量	zhìliàng	N	quality	

54

第四课 黑毛黑，白毛白，圆圆胖胖真可爱

员	43. 服务员*	fúwùyuán	N	waiter/waitress	我爸爸是公司职员，妈妈是商店的售货员，哥哥是一名演员，我在一家饭馆儿打工，是服务员。
	44. 售货员*	shòuhuòyuán	N	salesperson	
	45. 职员*	zhíyuán	N	clerk	
	46. 演员*	yǎnyuán	N	actor/actress	

赚	47. 赚	zhuàn	V	to make (money)	有些大学生喜欢去饭馆儿打工，因为饭馆儿会给他们免费的晚餐，客人也会给他们小费，这样他们就可以自己赚学费和生活费了。
费	48. 学费	xuéfèi	N	tuition	
	49. 生活费*	shēnghuófèi	N	living expenses	
	50. 小费*	xiǎofèi	N	tip	
	51. 免费	miǎn//fèi	VO	(to be) free of charge	

| 赌 | 52. 打赌* | dǎ//dǔ | VO | to bet | 我打赌，这次比赛一定是我们队赢。 |
| 赢 | 53. 赢 | yíng | V | to win | |

（五）犬（犭）部

猫	54. 猫	māo	N	cat	热狗里没有狗，大熊猫不是猫。这些名字都太奇怪了！
	55. 大熊猫	dàxióngmāo	N	panda	
狗	56. 狗	gǒu	N	dog	
	57. 热狗*	règǒu	N	hot dog	

| 猪 | 58. 猪* | zhū | N | pig | 我不喜欢猪，因为猪太懒；我喜欢猴子，因为猴子聪明。 |
| 猴 | 59. 猴子* | hóuzi | N | monkey | |

55

乐读 2

三、阅读实践　Reading Comprehension

（一）精读　Intensive Reading

1 生词

1.	眼圈 *	yǎnquān	N	rim of the eye
2.	爬树 *	pá shù		to climb a tree
3.	基因	jīyīn	N	gene
4.	动画片儿	dònghuàpiānr	N	animation, cartoon
5.	受欢迎	shòu huānyíng		to be popular

专有名词 Proper Noun

1.	梦工厂 *	Mènggōngchǎng	DreamWorks

2 课文《_____》

第一步：通读课文，然后为课文选择一个最合适的标题
Read the text and choose the most appropriate title for the text.

> A. 大熊猫　　B. 大熊猫为什么不喜欢吃肉　　C. 功夫熊猫

中国有很多珍贵的动物，最有名的就是大熊猫了。

大熊猫的头和身体是白的，耳朵和四肢是黑的。它们身体又圆又胖，还有大大的黑眼圈，真是可爱极了！虽然大熊猫很胖，但是它们爬树爬得非常快。

大熊猫小的时候很喜欢玩儿，长大以后，就不喜欢运动了——每天一半的时间是在吃饭，一半的时间是在睡觉。它们最喜欢吃竹子。大的动物一般都喜欢吃肉，可是大熊猫为什么不喜欢吃肉呢？这是因为大熊猫身体里的基因出了问题，所以不觉得肉好吃。

因为大熊猫长得可爱，所以除了小孩子以外，连大人也喜欢。2008年，

梦工厂制作了一部动画片儿——《功夫熊猫》。这部动画片儿在中国和外国都很受欢迎，可以说风靡全世界。

第二步：细读课文，根据课文内容判断正误
Read the text carefully and decide whether the following statements are true (T) or (F).

（1）大熊猫的头是白的，身体是黑的。　　　　　　　　　　（　　）
（2）大熊猫的黑眼圈很大。　　　　　　　　　　　　　　　（　　）
（3）大熊猫很胖，所以不会爬树。　　　　　　　　　　　　（　　）
（4）大熊猫不喜欢吃肉是因为肉不好吃。　　　　　　　　　（　　）
（5）《功夫熊猫》是一部有名的动画片儿。　　　　　　　　（　　）

第三步：词义理解，根据上下文猜测加点词的词义
Guess the meanings of the dotted words according to the context.

（1）"大熊猫的头和身体是白的，耳朵和四肢是黑的。"请在图中圈出四肢。

（2）它们身体又圆又胖，还有大大的黑眼圈儿，真是可爱极了！
　　A. △　　　　　　B. □　　　　　　C. ○
（3）2008 年，梦工厂制作（zhìzuò）了一部动画片儿——《功夫熊猫》。
　　_____
（4）这部动画片儿在中国和外国都很受欢迎，可以说风靡（fēngmǐ）全世界。
　　_____

第四步：生词积累，从课文中找出两个包含下列汉字的词
Find two words including each of the characters below from the text.

（1）动 _____、_____　　（4）可 _____、_____
（2）因 _____、_____　　（5）以 _____、_____
（3）欢 _____、_____

乐读 2

第五步：回答问题 Answer the questions.

（1）大熊猫长什么样？
（2）大熊猫的生活习性（xíxìng, living habit）是什么样的？
（3）大熊猫为什么不喜欢吃肉？
（4）《功夫熊猫》是哪个公司制作的？这部动画片儿怎么样？

（二）扩展阅读 Extended Reading

1 生词

1.	增进*	zēngjìn	V	to enhance
2.	友谊	yǒuyì	N	friendship
3.	举行*	jǔxíng	V	to hold (a meeting, etc.)
4.	仪式*	yíshì	N	ceremony
5.	珍贵	zhēnguì	Adj	precious
6.	保险	bǎoxiǎn	N	insurance
7.	象征*	xiàngzhēng	V/N	to symbolize; symbol
8.	善良	shànliáng	Adj	kind-hearted

2 课文《走出中国的大熊猫》

大熊猫是中国国家一级保护动物，全世界现在大概有1600只大熊猫。大熊猫长得可爱，很受欢迎，所以很多人都希望大熊猫来到自己的国家，想亲眼看一看大熊猫。很多国家的动物园都有中国的大熊猫，可以说大熊猫增进了不同国家之间人们的友谊。

有的国家的动物园为大熊猫们举行了欢迎仪式，成千上万的大朋友、小朋友站在动物园门前鼓掌欢迎。因为大熊猫很珍贵，有的国家的动物园还给大熊猫上了保险——"熊猫保险"。

第四课 黑毛黑，白毛白，圆圆胖胖真可爱

大熊猫是人类友谊的象征，和大熊猫一起走出中国的，还有中国人的善良与友好。

第一步： 通读课文，然后选择正确答案 Read the text and choose the correct answers.

（1）现在，全世界大概有 _____ 只大熊猫。
　　A. 1600　　　　　B. 1999　　　　　C. 2013
（2）为什么很多人都希望大熊猫来到自己的国家？
　　A. 因为大熊猫长得很可爱，每个国家的人都喜欢
　　B. 因为大熊猫是中国的国宝
　　C. 因为大熊猫很珍贵
（3）人们为什么给大熊猫上保险？
　　A. 太受欢迎　　　B. 太珍贵　　　　C. 太可爱
（4）大熊猫象征着什么？
　　A. 友谊　　　　　B. 健康　　　　　C. 欢迎

第二步： 朗读课文 Read aloud the text.

（三）信息查找　Search the Information

动物园及其各馆门票价格表

旺季、淡季时间	成人票价	学生票价
旺季 4月1日—10月31日	20元：大门门票＋熊猫馆票	13元：大门门票＋熊猫馆票
	15元：大门门票	8元：大门门票
淡季 11月1日—3月31日	15元：大门门票＋熊猫馆票	10元：大门门票＋熊猫馆票
	10元：大门门票	5元：大门门票

＊1.2米以下的儿童免票。

＊60岁及以上的老年人免票。

＊水族馆：成人票100元，学生、60岁及以上老年人50元，1.2米以下儿童免票（水族馆门票包括动物园大门门票和熊猫馆票）。

****

乐读 2

动物园地图

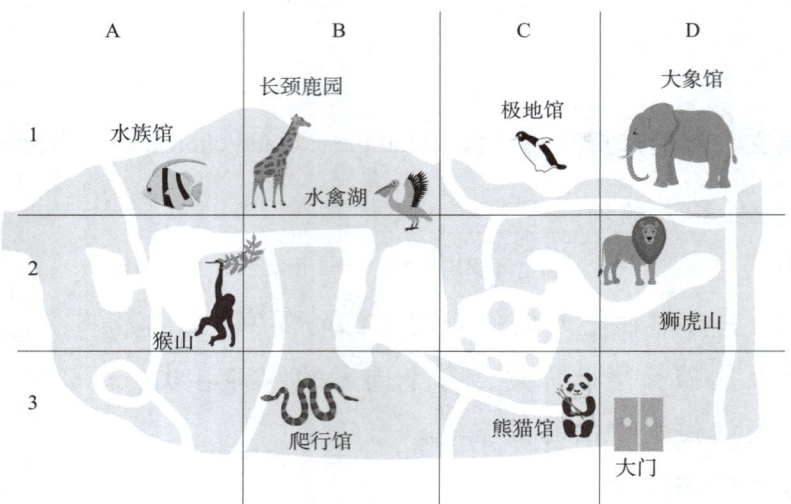

（1）一个学生想10月4号去动物园看熊猫，应该买多少钱的票？
　　A. 5元　　　　B. 8元　　　　C. 10元　　　　D. 13元

（2）一个成人想新年的时候去动物园，但是不看熊猫，应该买多少钱的票？
　　A. 5元　　　　B. 10元　　　C. 15元　　　　D. 20元

（3）一个成人想去水族馆，应该买多少钱的票？
　　A. 10元　　　B. 15元　　　C. 20元　　　　D. 100元

（4）一个身高1米的孩子去动物园看熊猫，这个孩子用不用买票？
　　A. 用　　　　B. 不用

（5）狮虎山在哪儿？
　　A. A2区　　　B. B1区　　　C. C3区　　　　D. D2区

（6）熊猫馆在哪儿？
　　A. A2区　　　B. B1区　　　C. C3区　　　　D. D2区

（7）长颈鹿园在哪儿？
　　A. A2区　　　B. B1区　　　C. C3区　　　　D. D2区

（8）猴山在哪儿？
　　A. A2区　　　B. B1区　　　C. C3区　　　　D. D2区

四、汉字小故事　Stories of Chinese Characters

熊猫？猫熊？

熊猫长得不像猫，长得像熊，可是为什么人们叫它"熊猫"，不叫它

"猫熊"呢？这里有一个小故事。

中国人发现这种动物的时候，觉得它们长得像熊，又像猫一样可爱，而且会爬树，所以就叫这种动物"猫熊"。

以前，中国人的写字习惯是从上往下、从右往左，读的时候也是一样。1919年以后，中国人开始从左往右地写字、读书。1939年，重庆一个动物园举办了一个动物标本展览。动物园用汉语和英语写上了每个标本的名字。动物的名字是从左往右写的，但是那个时候，还有很多中国人习惯按照从右往左的顺序读，所以"猫熊"就都读成了"熊猫"。

后来，动物园的工作人员发现了这个问题，就告诉他们读错了——应该是"猫熊"，不是"熊猫"。可是，人们觉得"熊猫"比"猫熊"好听，所以就一直读到了今天。不过，在台湾地区，人们还是说"猫熊"。

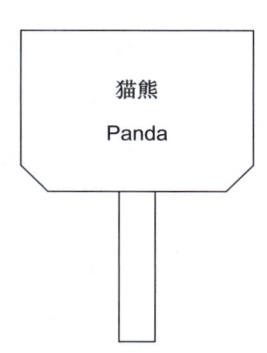

1 生词

1.	像	xiàng	V	to look like, to take after
2.	重庆*	Chóngqìng	PN	Chongqing
3.	标本*	biāoběn	N	specimen
4.	展览*	zhǎnlǎn	N	exhibition
5.	按照	ànzhào	Prep	according to
6.	顺序	shùnxù	N	order, sequence
7.	台湾*	Táiwān	PN	Taiwan

2 练习：根据课文内容选择正确答案

（1）熊猫长得像什么动物？以前，它的名字是什么？
　　A. 熊；熊猫　　　　B. 熊；猫熊　　　　C. 猫；猫熊

（2）中国人从哪年开始从左往右地写字？
　　A. 1919年　　　　　B. 1939年　　　　　C. 1949年

乐读 2

（3）动物园是怎么写动物的名字的？
  A. 从左往右　　　　B. 从右往左　　　　C. 从上往下

（4）人们知道自己读错了，可是为什么还要说"熊猫"，不说"猫熊"？
  A. 因为"猫熊"这个名字不正确
  B. 因为人们觉得"熊猫"比"猫熊"好听
  C. 因为熊猫长得像猫，不像熊

（5）今天，哪里的人还是说"猫熊"？
  A. 重庆人　　　　B. 台湾人　　　　C. 北京人

五、挑战自己　Challenge Yourself

（一）选词填空　Fill in the blanks with the words.

感冒、同意、开玩笑、奇怪、没想到、感觉、狗、贵、习惯、质量

1. 我最喜欢的动物是_____，它们是人类的朋友。
2. 我没买不是因为_____，而是因为_____不好。
3. 对不起，你说的我不能_____。
4. 白天睡觉，晚上上网、看电影，他的生活_____太_____了！
5. _____这不是_____，而是真的！
6. 前两天我_____了，全身疼，不过今天_____好多了。

基因、动画片儿、可爱、睡觉、受欢迎、动物、虽然、运动

  中国有很多宝贵的_____，最有名的就是大熊猫了。大熊猫身体又圆又胖，还有大大的黑眼圈，真是_____极了！_____大熊猫很胖，但是它们爬树爬得非常快。大熊猫小的时候很喜欢玩儿，长大以后，就不喜欢_____了——每天一半的时间是在吃饭，一半的时间是在_____。大熊猫不喜欢吃肉，这是因为它们身体里的_____出了问题，不觉得肉好吃。

  2008年，梦工厂制作了一部_____——《功夫熊猫》。这部动画片儿在中国和外国都很_____，可以说风靡全世界。

（二）选择相对应的句子

Choose the corresponding sentences.

A. 除了吃的、喝的以外，我还带了好多衣服。
B. 这儿的东西很贵，质量也不好。
C. 没想到他现在成了有名的建筑师了。
D. 你觉得穿红衣服的会赢还是穿蓝衣服的会赢？
E. 咱俩打赌吧。
F. 我这儿有一本介绍西安的书。

1. 我觉得那个穿红衣服的肯定赢！   （   ）
2. 那咱们再去别的商店看看。   （   ）
3. 那太好了！去旅游以前，我正好可以看看。   （   ）
4. 是啊，我们也很吃惊！   （   ）
5. 你的行李箱怎么那么重？   （   ）

（三）判断所给句子与原句意思是否一致

Decide whether the given sentences are consistent with the original ones in meaning.

1. 这么简单的问题，你怎么可能不会回答？
   这个问题很简单，你应该会回答。   （   ）
2. 上大学的时候，我每个周末都会去饭馆儿打工。
   大学毕业以后，我每个周末都会去饭馆儿打工。 （   ）
3. 地图是免费的。
   地图不用花钱买。   （   ）
4. 除了孩子以外，连大人也喜欢。
   虽然孩子不喜欢，但是大人喜欢。   （   ）
5. 这是一部风靡全世界的电影。
   这部电影在每个国家都很受欢迎。   （   ）

乐读 2

(四) 谜语　Riddles

1. 家里有美玉。（打一个字）_____
2. 什么狗不会叫？（打一种吃的东西）_____
3. 哥哥弟弟一样高，只会吃菜，不会喝水。（打吃饭用的东西）_____
4. 像熊比熊小，像猫不是猫。生来戴墨镜，吃竹它最行。（打一种动物）
_____

(五) 笑话　Joke

一个人想买一个热狗，但是商店门口有一只狗。她就问商店门口的售货员："请问，你的狗咬人吗？"售货员说："我的狗不咬人。"

这个人很高兴地就往商店里走。刚走到门口，那只狗就咬了她一口。她一边骂一边问售货员："你不是说你的狗不咬人吗？"售货员说："是啊！我的狗不咬人啊！但是这只不是我的狗啊！"

(六) 看看下面的字，你认识哪些　Which of the following characters do you know?

词/曲：侯德健　演唱：程琳

创作背景：1983—1985 年，四川地区的竹子大面积开花枯死。以竹子为食的大熊猫面临断粮危机，濒临灭绝。于是，中国和其他很多国家同时开始了拯救大熊猫的行动。

Background: Pandas, feeding on bamboos, were faced with the threat of food shortage and extinction between 1983 and 1985 because of the flowering of bamboos in vast areas of Sichuan. (Bamboos die after they flower and seed.) Thus China and many other countries jointly initiated the action of saving pandas.

竹子开花喽喂，咪咪躺在妈妈的怀里，数星星。

星星啊星星多美丽，明天的早餐在哪里？

咪咪呀咪咪请你相信，我们没有忘记你。

高高的月儿天上挂，明天的早餐在我心底。

第四课 黑毛黑，白毛白，圆圆胖胖真可爱

请让我来帮助你，就像帮助我自己。
请让我去关心你，就像关心我们自己。
这世界，会变得更美丽。

太阳出来喽喂，照亮我也照亮你。
一样的空气我们呼吸。
这世界，我和你生活在一起。

Bamboos are flowering. Mimi is lying in her mom's arms, counting stars.

What beautiful stars! But where is my breakfast for tomorrow?

Mimi, Mimi, trust us. We still keep you in mind.

The moon shines brightly in the sky. Your breakfast is in my heart.

Let me help you, just like helping myself.

Let me take care of you, just like taking care of ourselves.

The world will become much more beautiful.

The sun comes out, illuminating you and me.

The same air we are breathing.

In the same world, you and I live together.

第五课　茶亦醉人何须酒
Dì-wǔ kè　　Chá yì zuìrén héxū jiǔ

一、知识银行 Knowledge Bank

（一）常用意符介绍　Introduction to frequently used semantic components

1 糸（纟）

　　糸，甲骨文写作 𧴪，像一串丝线。作为意符，常常在汉字的左边，写作"纟"；有时也放在下边，写作"糸"。"糸（纟）"部的字多与丝线和纺织有关。

　　"糸", written as "𧴪" in oracle bone inscription, resembles a string of silk. As a semantic component, it is usually used on the left side of a character and written as "纟". Characters with "糸（纟）" as a component are mostly related to "thread", "spinning", or "weaving".

2 疒

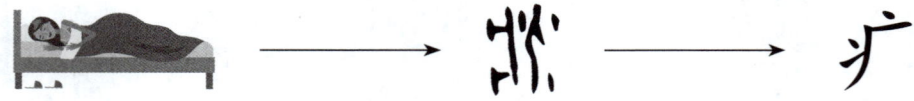

　　疒，甲骨文写作 𤕫，像一个病人躺在床上，三个点表示出汗。"疒"部的字多与疾病有关。

　　"疒", written as "𤕫" in oracle bone inscription, resembles a sick person lying in bed. The three dots represent sweat. Characters with "疒" as a component are mostly related to "illness".

66

3 酉

酉，古文字写作 酉，像酒坛形。"酉"部的字多与酒、发酵有关。

"酉", written as "酉" in ancient scripts, resembles a wine jar. Characters with " 酉 " as a component are mostly related to "alcohol" or "fermentation".

4 冫（冫）

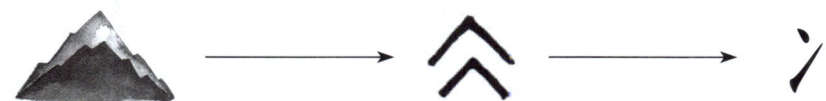

冫，金文写作 仌，本义是冰。作为意符，一般在汉字的左边，写作"冫"；在汉字下边时写作"冫"。"冫（冫）"部的字多与寒冷有关。

"冫", written as "仌" in bronze inscription, originally means "ice". As a semantic component, it is usually used on the left side of a character and written as "冫". Characters with "冫" as a component are mostly related to "coldness".

5 阜（阝）

阜，甲骨文写作 阝，像立起来的山。作为意符，大都在汉字的左边，写作"阝"。"阜（阝）"部的字多与山坡、地形地势有关。

"阜", written as "阝" in oracle bone inscription, resembles hills rotated 90 degrees clockwise. As a semantic component, it is usually used on the left side of a character and written as "阝". Characters with "阜(阝)" as a component are mostly related to "slope", "terrain", or "topography".

乐读 2

📝 练习一下：根据意符猜一猜下面汉字的意思

Exercise: Guess the meanings of the following characters according to their semantic components.

线	xiàn		courtyard	丝	sī	drunk
癌	ái		thread	痒	yǎng	to freeze
酪	lào		cold	醉	zuì	silk
冷	lěng		cancer	冻	dòng	itchy
院	yuàn		cheese	隔	gé	barrier

（二）常用句式　Frequently used sentence patterns

……是……之一　… is one of …

（1）北京烤鸭是我最喜欢的中国菜之一。
（2）这所大学是世界上最好的大学之一。

不管……，都……　no matter what/how/who…
It is used to indicate the same result will appear despite different situations.

（1）不管老师说什么，他都不听。
（2）不管贵不贵，我都要买。

📝 练习一下：选择正确的关联词　Exercise: Choose the correct connective words.

> A. ……是……之一　　B. 不管……，都……　　C. 连……都……

1. ＿＿＿＿大人还是孩子，＿＿＿＿喜欢这首歌。
2. 在中国，＿＿＿＿小孩儿＿＿＿＿知道孔子。
3. 长城＿＿＿＿中国最伟大的建筑＿＿＿＿。
4. ＿＿＿＿你们同不同意，我＿＿＿＿要去。
5. 坚持每天跑步＿＿＿＿减肥的好方法＿＿＿＿。
6. ＿＿＿＿天气好不好，他＿＿＿＿坚持每天跑步。

二、集中识字 Recognize the Characters

（一）糸（纟）部

红				
红	1. 红色 *	hóngsè	N	red
绿	2. 绿色 *	lǜsè	N	green
紫	3. 紫色 *	zǐsè	N	purple

红色的衬衫、绿色的裤子，还有一双紫色的袜子——他今天穿得太奇怪了！

经	4. 经理	jīnglǐ	N	manager
	5. 经常	jīngcháng	Adv	often
	6. 已经	yǐjīng	Adv	already

我们经理以前很胖，现在经常跑步，已经不胖了。

系	7. 系 *	xì	N	department
	8. 联系	liánxì	V	to contact

虽然我在中文系，他在英语系，但是我们经常联系。

纸	9. 手纸 *	shǒuzhǐ	N	toilet paper
	10. 报纸 *	bàozhǐ	N	newspaper
	11. 餐巾纸 *	cānjīnzhǐ	N	napkin

超市卖餐巾纸、手纸，不卖报纸。

结	12. 结果	jiéguǒ	N	result
	13. 结束	jiéshù	V	to finish, to end

比赛结束了，可他还不知道结果。

练	14. 练习	liànxí	V	to practice
紧	15. 紧张	jǐnzhāng	Adj	nervous

你已经练习半年了，明天考试一定没问题，不用紧张。

乐读 2

给	16. 送给	sònggěi		to give (as a gift)	我明天去纪念品商店买一些丝绸送给我的朋友。
纪	17. 纪念品	jìniànpǐn	N	souvenir	
丝	18. 丝绸*	sīchóu	N	silk	

(二) 广部

病	19. 病	bìng	V	to get ill	我病了,发烧、头疼,现在要去医院看病。
	20. 看病*	kàn//bìng	VO	to see a doctor	
疼	21. 疼	téng	Adj	pain, ache	

疯	22. 疯子*	fēngzi	N	madman	他不是疯子,但是做的事都很疯狂。
	23. 疯狂*	fēngkuáng	Adj	crazy, mad	

癌	24. 癌症	áizhèng	N	cancer	知道自己得了癌症以后,他很痛苦,吃不好饭,也睡不好觉,瘦了很多。
痛	25. 痛苦	tòngkǔ	Adj	painful, suffering	
瘦	26. 瘦	shòu	Adj	thin, slim	

(三) 酉部

酒	27. 啤酒*	píjiǔ	N	beer	大卫喜欢喝啤酒,爱妮喜欢喝葡萄酒,老王喜欢喝白酒。
	28. 白酒*	báijiǔ	N	liquor, spirits	
	29. 葡萄酒	pútaojiǔ	N	wine	

第五课　茶亦醉人何须酒

醉	30. 醉*	zuì	V	to get drunk
醒	31. 醒*	xǐng	V	to wake, to awake

他昨天晚上喝醉了，一直睡到今天下午两点才醒。

酸	32. 酸奶*	suānnǎi	N	yogurt
酪	33. 奶酪	nǎilào	N	cheese
酵	34. 发酵	fā//jiào	V	to ferment

做酸奶需要发酵，做奶酪也需要发酵。

醋	35. 醋*	cù	N	vinegar
酱	36. 酱油	jiàngyóu	N	soy sauce
	37. 果酱*	guǒjiàng	N	jam
	38. 番茄酱*	fānqiéjiàng	N	ketchup
	39. 花生酱*	huāshēngjiàng	N	peanut butter

很多中国人吃饺子的时候要有酱油和醋，吃面包的时候要有果酱。西方人不太一样，吃面包的时候更喜欢花生酱。吃薯条的时候，全世界都一样——都喜欢番茄酱。

(四) 冫(氵) 部

冰	40. 冰激凌	bīngjīlíng	N	ice cream
	41. 冰棍儿*	bīnggùnr	N	popsicle, frozen sucker
	42. 冰红茶*	bīnghóngchá	N	ice black tea

冰激凌和冰棍儿都卖完了，喝冰红茶行吗？

71

乐读 2

凉	43. 凉快	liángkuai	Adj	pleasantly cool	秋天是最好的季节，不冷也不热，很凉快。我也喜欢冬天，因为我喜欢滑冰。寒假咱们一起去滑冰吧！
冬	44. 冬天	dōngtiān	N	winter	
冷	45. 冷	lěng	Adj	cold	
寒	46. 寒假*	hánjià	N	winter holiday	

（五）阜（阝）部

阴	47. 阴天	yīntiān	N	cloudy day	我喜欢在阳台上晒[1]太阳，可是今天是阴天，没有阳光，不能晒太阳。
阳	48. 太阳	tàiyang	N	sun	
	49. 阳光*	yángguāng	N	sunlight, sunshine	
	50. 阳台*	yángtái	N	balcony, veranda	

队	51. 排队*	pái//duì	VO	to wait in line	A：队员们都在排队，他为什么不排队？ B：因为他是队长。
	52. 队长*	duìzhǎng	N	team leader	
	53. 队员*	duìyuán	N	team member	

院	54. 医院	yīyuàn	N	hospital	爸爸、妈妈都在医院工作，我在电影学院学习。以后，我想在电影院工作，这样能每天看电影。
	55. 学院*	xuéyuàn	N	institute, college	
	56. 电影院*	diànyǐngyuàn	N	movie theater	

附	57. 附近*	fùjìn	N	nearby	你看，附近的台阶都很陡，我觉得从这里上去很危险，建议你别去冒险。
阶	58. 台阶*	táijiē	N	step, stairs	
陡	59. 陡*	dǒu	Adj	steep	
险	60. 危险	wēixiǎn	Adj	dangerous	
	61. 冒险*	mào//xiǎn	VO	to take a risk	

---

1 晒：shài；V；to bask

三、阅读实践　Reading Comprehension

（一）精读　Intensive Reading

1　生词

1.	生活必需品	shēnghuó bìxūpǐn		necessities of life
2.	程度*	chéngdù	N	degree, level
3.	维生素	wéishēngsù	N	vitamin
4.	预防	yùfáng	V	to prevent
5.	胃	wèi	N	stomach
6.	咖啡因*	kāfēiyīn	N	caffeine
7.	龙井虾仁*	lóngjǐng xiārén		stir-fried peeled shrimp with Longjing Tea
8.	抹茶*	mǒchá	N	matcha/maccha green tea

2　课文《_____》

第一步：通读课文，然后为课文选择一个最合适的标题
Read the text and choose the most appropriate title for the text.

　　A. 什么季节喝什么茶　　B. 茶叶可以用来做菜　　C. 中国茶

　　中国人喜欢喝茶。茶是中国人的生活必需品之一。
　　中国茶按照发酵程度可以分为绿茶、黄茶、白茶、乌龙茶、红茶和黑茶。茶叶中富含维生素，所以经常喝茶可以预防一些疾病，对人的身体非常有好处。不管是什么季节，你都可以喝茶。但是中医讲究不同的季节喝不同的茶，这样更有利于健康。他们认为春天、夏天要多喝绿茶，秋天要多喝乌龙茶，冬天要多喝红茶。喝茶的时间最好是在饭后，因为空腹喝茶对胃不好。晚上最好别喝茶，因为茶里有咖啡因。晚上喝太多茶的结果可

乐读 2

能就是别人已经起床了，你还没睡着呢。

　　茶叶可以喝，也可以用来做吃的。中国名菜龙井虾仁就是用龙井茶（一种绿茶）来做的。除了龙井虾仁，常见的用茶叶做的美食还有茶叶蛋、抹茶蛋糕、抹茶冰激凌等。

第二步： 细读课文，根据课文内容判断正误
Read the text carefully and decide whether the following statements are true (T) or false (F).

（1）中国人的生活离不开茶。　　　　　　　　　　　　　（　　）
（2）绿茶、黄茶、白茶、乌龙茶、红茶和黑茶是按照颜色来
　　　分的。　　　　　　　　　　　　　　　　　　　　（　　）
（3）每天喝茶可以预防一些疾病，对身体有好处。　　　　（　　）
（4）中医认为夏天不应该喝茶。　　　　　　　　　　　　（　　）
（5）饭前喝茶对胃不好。　　　　　　　　　　　　　　　（　　）
（6）龙井茶是乌龙茶。　　　　　　　　　　　　　　　　（　　）

第三步： 词义理解，根据上下文猜测下列加点部分的意思
Guess the meanings of the dotted parts according to the context.

（1）茶叶中富含维生素，所以经常喝茶可以预防一些疾病。
　　　A. 没有　　　　　　　B. 有很多　　　　　　C. 只有一点儿
（2）中医讲究不同的季节喝不同的茶，这样更有利于健康。
　　　A. 觉得重要；对身体好　B. 演讲；对身体好　　C. 演讲；对身体不好
（3）喝茶的时间最好是在饭后，因为空腹喝茶对胃不好。
　　　A. 没吃饭　　　　　　B. 已经吃了饭　　　　C. 有空儿的时候
（4）常见的用茶叶做的美食还有茶叶蛋、抹茶蛋糕、抹茶冰激凌等。
　　　A. 好看的东西　　　　B. 好玩儿的东西　　　C. 好吃的东西

第四步： 生词积累，从课文中找出两个包含下列汉字的词
Find two words including each of the characters below from the text.

（1）生 _____ 、_____　　（3）茶 _____ 、_____
（2）因 _____ 、_____　　（4）经 _____ 、_____

第五步：小组讨论并回答问题 Discuss in groups and answer the questions.

（1）对中国人来说，茶是什么？
（2）你的生活必需品有哪些？
（3）喝茶对身体有什么好处？
（4）不同的季节都适合喝什么茶？
（5）喝茶要注意什么？
（6）茶叶能做什么美食？
（7）你喝过中国茶吗？你喝过哪些中国茶？

（二）扩展阅读 Extended Reading

1 生词

1.	风俗	fēngsú	N	custom
2.	而且	érqiě	Conj	furthermore
3.	加	jiā	V	to add
4.	点心	diǎnxin	N	dim sum, refreshments, pastry
5.	倒	dào	V	to pour
6.	柠檬	níngméng	N	lemon
7.	味道	wèidào	N	flavor, taste

专有名词 Proper Nouns

1.	荷兰*	Hélán	Netherlands
2.	俄罗斯*	Éluósī	Russia
3.	德国*	Déguó	Germany

2 课文《不同国家，不同茶俗》

世界上很多国家都有饮茶的习惯，但是不同的国家，饮茶的风俗也不同。

乐读 2

　　荷兰人喜欢喝红茶，而且是在午后喝。荷兰人喝茶时会加糖，因为他们觉得不加糖的茶有点儿苦，也有的人加奶油。

　　英国人有喝下午茶的风俗。每天下午4点左右，不管多忙，英国人都要一边喝茶一边吃点心。英国人喝茶喜欢加牛奶和糖，而且一定要先在杯子里倒奶，然后再倒茶，最后放糖。

　　在俄罗斯，茶是人们的生活必需品。俄罗斯人早上喝茶的时候要吃点心，下午喝茶的时候要加柠檬、糖或者牛奶。俄罗斯人还喜欢举办各种各样的茶会。

　　德国人喜欢在晚饭后喝红茶，但是越来越多的年轻人喜欢根据自己的喜好添加香精，做出各种味道的茶，比如苹果茶、葡萄茶、橙子茶、樱桃茶等。

　　美国人早上的时候一般不喝茶，他们喜欢在中午喝茶。美国人喝的茶种类较多，有红茶、绿茶和乌龙茶，他们喜欢在茶里加糖和柠檬。美国人最喜欢的是冰红茶，一年四季都喝，不管是冬天还是夏天。

　　加拿大就在美国北边，可是加拿大人的饮茶习惯却跟美国人不一样，他们喜欢在吃饭的时候和睡觉前喝茶。

第一步： 根据课文内容选择正确答案 Choose the correct answers according to the text.

（1）荷兰人喝茶的时候会在茶里加什么？
　　A. 牛奶　　　　　B. 柠檬　　　　　C. 糖

（2）英国人喝茶的时候喜欢吃什么？
　　A. 点心　　　　　B. 奶酪　　　　　C. 糖

（3）喜欢举办茶会的是哪个国家？
　　A. 荷兰　　　　　B. 美国　　　　　C. 俄罗斯

（4）德国人能做出苹果、葡萄、樱桃等味道的茶是因为他们在茶里加了什么？
　　A. 水果　　　　　B. 香精　　　　　C. 果酱

（5）美国人最喜欢喝的是什么茶？
　　A. 冰红茶　　　　B. 绿茶　　　　　C. 乌龙茶

（6）加拿大人喜欢什么时候喝茶？

　　　A. 每天下午 4 点左右

　　　B. 吃饭的时候和睡觉以前

　　　C. 吃完晚饭以后

第二步：讨论 Discussion

你们国家喝茶的习俗是什么？

（三）信息查找　Search the Information

中国茶基础知识

种类	代表茶	发酵程度	泡茶茶具	泡茶水温
绿茶	龙井	0%	玻璃杯	70℃～85℃
黄茶	君山银针	10%	玻璃杯	70℃～85℃
白茶	白毫银针	10%	玻璃杯	80℃～85℃
乌龙茶	铁观音	30%～40%	盖碗儿	95℃～100℃
红茶	滇红	100%	盖碗儿	95℃～100℃
黑茶	普洱	后发酵	紫砂壶	100℃

注：花茶的代表茶是茉莉花茶，泡茉莉花茶要用盖碗儿，水温为 90℃～100℃。

　　花茶是再加工茶，所以六大基本茶类里面没有花茶。

（1）绿茶的代表茶是什么？

　　　A. 龙井　　　　　B. 滇红　　　　　C. 铁观音

（2）乌龙茶的代表茶是什么？

　　　A. 龙井　　　　　B. 滇红　　　　　C. 铁观音

（3）泡绿茶最好用什么茶具？

　　　A. 玻璃杯　　　　B. 盖碗儿　　　　C. 紫砂壶

乐读 2

（4）泡普洱茶最好用什么茶具？
　　A. 玻璃杯　　　　　B. 盖碗儿　　　　　C. 紫砂壶
（5）滇红的发酵度是多少？
　　A. 0%　　　　　　 B. 10%　　　　　　C. 100%
（6）泡绿茶的水温应该是多少？
　　A. 70℃～85℃　　 B. 80℃～85℃　　　C. 95℃～100℃
（7）六大基本茶类里为什么没有花茶？
　　A. 因为花茶不是茶
　　B. 因为很少有人喝花茶
　　C. 因为花茶是再加工茶

四、汉字小故事　Stories of Chinese Characters

茶和酒

喝茶对身体有好处，这是我们都知道的。中国人说每天喝茶的人能活到108岁，你知道这是怎么回事吗？

"茶"以前写作茶，上面（艹）像两个"十"，所以加起来是"二十"；下边有一个"八十"（仐）；最下边的两个点看起来又像一个"八"。20 + 80 + 8 = 108，所以中国人说每天喝茶的人长寿，能活到108岁，这就是"茶寿"。

酒喝多了对身体不好，但是在中国，酒也可以用来做药治病。中医就常常用酒来给病人治病。我们从"医"的繁体字"醫"就能看出来，"醫"下边的"酉"就是"酒"。可见，几千年以前，中国的医生就知道用酒来治病了。今天，你要是去药店，也能见到很多种药酒。

1 生词

1.	长寿	chángshòu	Adj	having a long life
2.	治	zhì	V	to cure

2 练习：根据短文内容选择正确的答案

（1）"茶寿"指的是多少岁？
    A. 80 岁   B. 88 岁   C. 108 岁

（2）"医"的繁体字是"醫"，"醫"的意符是"酉"，我们可以知道什么？
    A. 很久以前，中医用酒来治病
    B. 很久以前，中医用酒来治病，现在不用了
    C. "医"比"醫"写起来简单

五、挑战自己 Challenge Yourself

（一）选词填空　Fill in the blanks with the words.

> 疼、冷、风俗、送给、紧张、纪念品、加、味道、病、已经、而且

1. 我 _____ 准备好了，所以一点儿都不 _____ 。
2. 在中国，不同的地方过春节的 _____ 也不同。
3. 他喝咖啡不 _____ 糖和牛奶。
4. 这儿的冬天很 _____ ，_____ 经常下大雪。
5. 这个菜的 _____ 特别好，你快尝尝。
6. 我下午要去买一些 _____ _____ 我的中国朋友。
7. 我 _____ 了，有点儿感冒，全身 _____ 。

> 秋天、预防、维生素、咖啡因、睡不着觉、之一、好处、按照、不管

  中国人喜欢喝茶。茶是中国人的生活必需品 _____ 。中国茶 _____ 发酵程度可以分为绿茶、黄茶、白茶、乌龙茶、红茶和黑茶。茶叶中富含 _____ ，所以经常喝茶可以 _____ 一些疾病，对人的身体非常有 _____ 。_____ 是什么季节，你都可以喝茶。中医认为春天、夏天要多喝绿茶，_____ 要多喝乌龙茶，冬天要多喝红茶，这样更有利于健康。晚上最好别喝茶，因为茶里有 _____ ，晚上喝太多茶可能会 _____ 。

乐读 2

(二) 选择相对应的句子
Choose the corresponding sentences.

A. 我有点儿发烧，还头疼。
B. 听说每天喝葡萄酒对身体有好处。
C. 你喝什么？咖啡还是茶？
D. 他瘦了不少啊。
E. 我喜欢冬天。
F. 那儿太危险了，你还是别去了。

1. 是吗？听说他最近每天跑步，而且晚饭吃得很少。（　　）
2. 我陪你去医院看看吧。（　　）
3. 但是也不能喝太多。（　　）
4. 我猜是因为你们国家不下雪。（　　）
5. 你别那么紧张！不会有事的。（　　）

(三) 判断所给句子与原句意思是否一致
Decide whether the given sentences are consistent with the original ones in meaning.

1. 柠檬富含维生素C，多喝柠檬水可以预防感冒。
   柠檬中有很多维生素C，但是柠檬水喝多了容易感冒。（　　）
2. 葡萄酒可以说是法国人的生活必需品。
   可以说，法国人的生活离不开葡萄酒。（　　）
3. 多吃水果和蔬菜有利于健康。
   多吃水果和蔬菜对身体好。（　　）
4. 空腹吃冰激凌对胃不好。
   吃饭以后吃冰激凌对胃不好。（　　）
5. 学校食堂有很多美食。
   学校食堂里有很多好吃的东西。（　　）

（四）谜语　Riddles

1. 疼不是病。（打一个字）_____
2. 人在草木中。（打一个字）_____
3. 太阳过生日。（打一个字）_____
4. 看的是绿色，吃的是红色，吐出来的是黑色。（打一种水果）_____
5. 生来没形状，走路有声响。夏天没它热，冬天有它冷。（打一种自然现象，A phenomenon）_____
6. 三只眼睛红黄绿，每次只睁一只眼。走路开车都看它，不看一定有危险。（打一种交通设施，A traffic facility）_____

（五）笑话　Joke

一个酒会上，三个人都说自己的酒最厉害。于是，有个人提议说："找三只老鼠来尝尝这三瓶酒，不就知道结果了吗？"

第一个人拿来一瓶葡萄酒，一只老鼠喝了半瓶。过了一会儿，这只老鼠就走不直了。

第二个人拿来一瓶威士忌[1]，第二只老鼠只喝了几口就醉了。

第三个人拿来一瓶白酒，第三只老鼠闻[2]了闻就走了。前两个人哈哈大笑，都说第三个人的酒不行。就在这个时候，第三只老鼠回来了，手里还拿着一把刀，大喊[3]："猫呢？猫在哪儿？我要杀[4]了它！"

（六）看看下面的字，你认识哪些　Which of the following characters do you know?

你去中国人家里或者茶馆儿喝过茶吗？你见过那一桌子琳琅满目的茶具吗？你知道这些茶具用汉语怎么说吗？

Have you ever had tea in a Chinese family or a tea house? Have you ever seen a whole table of various tea sets? Do you know how to call these tea sets in Chinese?

1　威士忌：wēishìjì；N；whisky
2　闻：wén；V；to smell
3　喊：hǎn；V；to shout
4　杀：shā；V；to kill

乐读 2

① 茶盘　② 水壶　③ 玻璃杯　④ 盖碗儿　⑤ 紫砂壶
⑥ 公道杯　⑦ 品茗杯　⑧ 茶漏　⑨ 茶宠儿　⑩ 茶道六君子

第六课　入乡随俗
Dì-liù kè　Rùxiāng-suísú

一、知识银行　Knowledge Bank

（一）常用意符介绍　Introduction to frequently used semantic components

1 虫

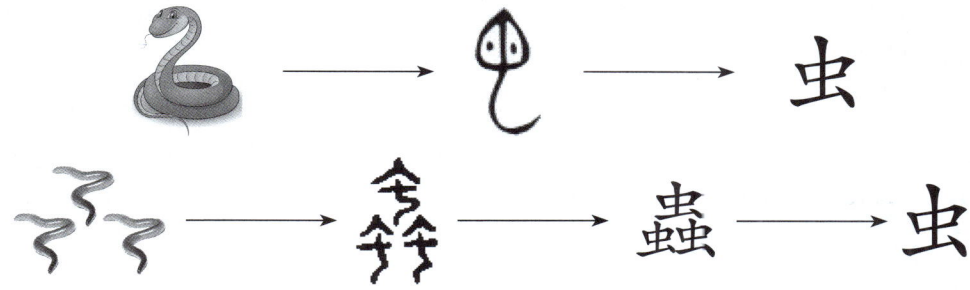

"虫"对应古代的两个汉字：一个是"虫"，古文字写作 ，像一条蛇；另一个是"蟲"，古文字写作 ，像三条小虫子，简化后也写作"虫"。"虫"部的字多与动物，特别是昆虫有关。

"虫" corresponds to two characters in ancient times. One is "虫", written as " ", resembles a snake; and the other one is "蟲", written as " ", resembles three worms. Characters with "虫" as a component are mostly related to "animal", especially "insect".

2 示（礻）

示，甲骨文写作 ，像一张祭祀用的桌子，上面还有祭品，表示祭祀祖先或向神灵祷告。古人对于一些无法解释的自然现象，往往诉诸祖先或者鬼神，认为祖先或鬼神会通

过一些特殊现象来告知他们吉凶。作为意符,"示"常在汉字的下边,有时也在汉字的左边,写作"礻"。"示(礻)"部的字多与鬼神、祭祀、卜问吉凶有关。

"示", written as "丅" in oracle bone inscription, resembles an altar with sacrificial offerings on it, indicating that people offer sacrifices to their ancestors or gods. Ancient Chinese people often resorted to spirits and gods in case of some natural phenomena that they couldn't explain, for they believed that their ancestors and gods could foretell good or ill luck by revealing some omens. As a semantic component, "示" is often used at the bottom of a character and sometimes used on the left side and written as "礻". Characters with "示(礻)" as a component are mostly related to "ghost", "god", "sacrifice", or "divination".

3 行(彳)

行,甲骨文写作 ᛉ,像十字路口的样子。作为意符,常在汉字的左边,写作"彳"(是"行"的省略)。"彳"部的字多与道路、行走有关。

"行", written as "ᛉ" in oracle bone inscription, resembles crossroads. As a semantic component, it is usually used on the left side of a character and written as "彳". Characters with "彳" as a component are mostly related to "road" or "walking".

4 玉(王)

玉,甲骨文写作 丰,像一串玉石。作为意符,常在汉字的左边或下边,放在汉字的左边时写作"王"。"玉(王)"部的字多与玉石有关。

"玉", written as "丰" in oracle bone inscription, resembles a string of jade. As a semantic component, it is usually used on the left side or at the bottom of a character and written as "王" if on the left. Characters with "玉(王)" as a component are mostly related to "jade" or "gem".

5 刀（刂、⺈）

刀，甲骨文写作 ∫，像一把刀。作为意符，在汉字右边时写作"刂"，在汉字上边时写作"⺈"。"刀（刂、⺈）"部的字多与切割、裁剪有关。

"刀", written as "∫" in oracle bone inscription, resembles a sickle (knife). As a semantic component, it is written as "刂" when used on the right side of a character and "⺈" when used at the top. Characters with "刀(刂/⺈)" as a component are mostly related to "cutting" or "trimming".

练习一下：根据意符猜一猜下面汉字的意思

Exercise: Guess the meanings of the following characters according to their semantic components.

虾	xiā		god	蛇	shé	pearl
神	shén		treasure	祝	zhù	snake
街	jiē		shrimp	往	wǎng	to wish
宝	bǎo		to cut	珠	zhū	to leave for
切	qiē		street	刻	kè	to carve

（二）常用句式 Frequently used sentence patterns

一……，就……

1. It is used to indicate two things happen closely in sequence of time, meaning "as soon as".

（1）他一回国就来看我了。

（2）放心吧！明天我一起床就去，不会晚的。

2. It may also indicate that something always happens under a certain condition, meaning "whenever / every time".

（1）他一到周末就去旅游。

（2）一看到这张照片，我就想起我的奶奶。

乐读 2

📝 **练习一下：连线** Exercise: Match

我觉得她不喜欢我	他一来北京就会来看我
我们俩是 50 多年的老朋友了	每次我一来她就走
这个孩子很聪明	一到周末就睡懒觉
弟弟没有什么爱好	一学就会

二、集中识字　Recognize the Characters

（一）虫部

虫	1. 昆虫*	kūnchóng	N	insect	我讨厌苍蝇、蚊子和蟑螂，这三种昆虫又脏又恶心[1]。我喜欢蝴蝶，因为蝴蝶很漂亮。
蚊	2. 蚊子	wénzi	N	mosquito	
蝇	3. 苍蝇	cāngying	N	fly	
蟑	4. 蟑螂*	zhāngláng	N	cockroach	
蝴	5. 蝴蝶	húdié	N	butterfly	

蜘	6. 蜘蛛*	zhīzhū	N	spider	《超人》《蜘蛛侠[2]》和《蝙蝠侠》是我最爱看的电影。
蝙	7. 蝙蝠*	biānfú	N	bat	

蜜	8. 蜂蜜	fēngmì	N	honey	蜜月旅行的时候，他每天甜言蜜语，我听了心里像喝了蜂蜜一样甜。
	9. 蜜月*	mìyuè	N	honeymoon	
	10. 甜言蜜语*	tiányán-mìyǔ	IE	honeyed words	

1　恶心：ěxin；V；yucky
2　侠：xiá；knight-errant

虾	11. 虾	xiā	N	shrimp, prawn	我喜欢吃海鲜，虾、龙虾、螃蟹什么的，我都喜欢。
	12. 龙虾*	lóngxiā	N	lobster	
螃	13. 螃蟹*	pángxiè	N	crab	

虹	14. 彩虹	cǎihóng	N	rainbow	妈妈给我买了一个彩虹蛋糕。点上蜡烛，我又长大了一岁。
蜡	15. 蜡烛*	làzhú	N	candle	

（二）示（礻）部

票	16. 机票	jīpiào	N	air ticket	我没有现金，但我可以用信用卡买机票，用支票买公园门票。
	17. 门票*	ménpiào	N	admission ticket	
	18. 支票*	zhīpiào	N	check	

礼	19. 礼物	lǐwù	N	gift, present	朋友们拿着礼物，去礼堂参加他们的婚礼。
	20. 礼堂*	lǐtáng	N	auditorium	
	21. 婚礼*	hūnlǐ	N	wedding	

视	22. 视频*	shìpín	N	video	孩子长时间上网看视频、玩儿游戏，眼睛越来越不好。父母要重视这个问题。
	23. 重视	zhòngshì	V	to attach importance to	

福	24. 幸福	xìngfú	Adj	(of one's life) happy	今天，我们全家一起庆祝爷爷80岁生日，祝福他幸福、长寿。
祝	25. 祝福*	zhùfú	V	to wish (sb.) well	
	26. 庆祝	qìngzhù	V	to celebrate	

乐读 2

社	27. 旅行社	lǚxíngshè	N	travel agency	我们想更好地了解中国社会，所以旅行社带我们去了几个社区。我们跟社区里的中国人聊了聊天儿。
	28. 社会*	shèhuì	N	society	
	29. 社区*	shèqū	N	community	

（三）行（彳）部

行	30. 银行*	yínháng	N	bank	钱的问题你得问他。他是行家，在银行工作20年了。
	31. 行家*	hángjia	N	expert	

街	32. 逛街	guàng jiē		to go window shopping	你们可以先逛街，然后去小吃街吃晚饭。对了，那儿是步行街，不能开车。
	33. 小吃街*	xiǎochījiē	N	snack street	
	34. 步行街*	bùxíngjiē	N	walking street	

往	35. 往往	wǎngwǎng	Adv	in most cases	往返票往往比较便宜。
	36. 往返	wǎngfǎn	V	to travel to and fro	

律	37. 法律*	fǎlǜ	N	law	我的专业是法律，毕业以后我想当律师。
	38. 律师	lǜshī	N	lawyer	

得	39. 得	dé	V	to get, to gain	她在比赛中得了第一名，真值得庆祝！
	40. 值得	zhí//dé	V	to be worth	

（四）玉（王）部

| 玉 | 41. 玉米 | yùmǐ | N | corn | 你们知道吗？我们的国宝大熊猫除了竹子以外，也喜欢吃苹果和玉米。 |
| 宝 | 42. 国宝* | guóbǎo | N | national treasure | |

珍	43. 珍贵*	zhēnguì	Adj	precious	珍珠是珍贵的珠宝之一。不过，珍珠奶茶里没有珍珠。
珠	44. 珍珠*	zhēnzhū	N	pearl	
	45. 珠宝*	zhūbǎo	N	jewelry	

球	46. 乒乓球	pīngpāngqiú	N	table tennis	我们班的同学都喜欢运动：小山同学喜欢打棒球，宝玉同学喜欢打乒乓球，珠珠同学喜欢打保龄球和高尔夫球。
	47. 棒球*	bàngqiú	N	baseball	
	48. 保龄球*	bǎolíngqiú	N	bowling	
	49. 高尔夫球*	gāo'ěrfūqiú	N	golf	

| 玩 | 50. 玩具 | wánjù | N | toy | 爸爸从国外回来给爷爷买了古玩，给我买了玩具。 |
| | 51. 古玩* | gǔwán | N | antique | |

理	52. 管理*	guǎnlǐ	V	to manage	谁说我喜欢酒店管理这个专业？我的理想是当一名理发师。
	53. 理发*	lǐ//fà	VO	to have a haircut	
	54. 理想	lǐxiǎng	N	ideal	

乐读 2

| 环 | 55. 环境
56. 循环 * | huánjìng
xúnhuán | N
V | environment
to recycle | 咱们别用塑料袋[1]了，用纸袋吧，纸袋可以循环使用，这样能保护环境。  |

（五）刀（刂、勹）部

| 刀
切 | 57. 刀
58. 剪刀 *
59. 切 * | dāo
jiǎndāo
qiē | N
N
V | knife
scissors
to cut into parts, to slice | 我告诉服务员给我一把刀，我要切蛋糕。服务员给了我一把剪刀。剪刀怎么能切蛋糕呢？ |

| 分 | 60. 分钟
61. 分手 * | fēnzhōng
fēn//shǒu | M
VO | minute
to break up | 10分钟以前，他们分手了。 |

| 解 | 62. 理解 *
63. 解决 *
64. 解释 | lǐjiě
jiějué
jiěshì | V
V
V | to understand, to comprehend
to solve
to explain; explanation | 上课的时候，我常常听不懂老师的解释，所以不能理解课文的意思。这个问题怎么解决？ |

| 利 | 65. 流利
66. 利用 * | liúlì
lìyòng | Adj
V | fluent
to make use of | 我要利用这一年的时间好好儿学习汉语，希望明年我能说得很流利。 |

---

1 塑料袋：sùliàodài；N；plastic bag

	67. 迟到	chídào	V	to be late	我今天又迟到了，因为起床以后我先找牙刷，然后刷牙、洗澡、刮胡子……
	68. 刮胡子 *	guā húzi		to shave (the beard)	
	69. 刷牙	shuā yá		to brush one's teeth	
	70. 牙刷 *	yáshuā	N	toothbrush	

三、阅读实践　Reading Comprehension

（一）精读　Intensive Reading

1 生词

	1.	生肖	shēngxiào	N	Chinese zodiac
	2.	兔子	tùzi	N	rabbit
	3.	蛇	shé	N	snake
	4.	表示	biǎoshì	V	to show, to express
	5.	属	shǔ	V	to be born in the year of
	6.	选	xuǎn	V	to choose, to select

2 课文《十二生肖》

第一步：通读课文第一段，找到下面问题的答案
Read the first paragraph of the text and find the answers to the following questions.

> 1. 十二生肖都有哪些动物？
> 2. 十二生肖的顺序是什么？

中国有十二生肖，它们是：老鼠、牛、老虎、兔子、龙、蛇（又叫"小龙"）、马、羊、猴子、鸡、狗、猪。每一年用一种动物表示，每十二

乐读 2

年循环一次。记住了十二生肖的顺序，想知道一个人属什么就不难了。比如说，1984年出生的人属鼠，那1983年出生的人就属猪，1985年出生的人就属牛，1996年出生的人又属鼠。

十二生肖中小小的老鼠为什么排第一呢？这里有个小故事。

很久以前，人们决定选十二种动物当人的生肖。人们定了一个日子，告诉动物们这一天来报名，先到的十二种动物就可以当十二生肖。

猫和老鼠是好朋友，又住得很近，它们都想去报名。猫说："咱们得早起去报名，可是我爱睡懒觉，怎么办呢？"老鼠说："别担心！我一起床就去叫你，咱们一块儿去。"猫听了很高兴，说："你真是我的好朋友，太谢谢你了。"

报名那天早上，老鼠起得很早，可它没有去叫猫，自己偷偷去报名了。

老鼠跑得很快，是第一个到的。猫因为睡懒觉，起晚了，等它到的时候，十二种动物都已经选好了。猫没有选上，很生气。所以从那以后，猫一看见老鼠就要吃它，老鼠只好拼命地跑，到今天还是这样。

第二步：通读课文，根据课文内容判断正误
Read the text and decide whether the following statements are true (T) or false (T).

（1）十二生肖是有顺序的。　　　　　　　　　　　　　　　（　　）
（2）老鼠虽然很小，但在十二生肖中排第一。　　　　　　　（　　）
（3）报名那天早上，猫比老鼠起得早。　　　　　　　　　　（　　）
（4）猫和老鼠是一起去报名的。　　　　　　　　　　　　　（　　）
（5）因为猫比老鼠跑得慢，所以猫没有选上。　　　　　　　（　　）

第三步：细读课文第一段，然后选择正确答案
Read the first paragraph of the text carefully and choose the correct answers.

（1）十二生肖中，"小龙"指的是_____。
　　A. 龙　　　　　　　B. 蛇　　　　　　　C. 老虎

（2）1986 年出生的人属 _____。

    A. 鼠   B. 牛   C. 虎

（3）1995 年出生的人属 _____。

    A. 猪   B. 鼠   C. 牛

（4）2000 年出生的人属 _____。

    A. 龙   B. 蛇   C. 马

第四步：词义理解，根据上下文判断加点部分的意思
Guess the meanings of the dotted parts according to the context.

（1）老鼠起得很早，可它没有去叫猫，自己偷偷去报名了。

    A. 不让别人知道   B. 很快   C. 高高兴兴

（2）从那以后，猫一看见老鼠就要吃它，老鼠只好拼命地跑。

    A. 努力学习跑   B. 慢慢地跑   C. 用最大的力气跑

第五步：小组讨论并回答问题 Discuss in groups and answer the questions.

（1）十二生肖中，你最喜欢什么动物？为什么？

（2）你是哪年出生的？你属什么？

（3）你的性格特点（personality traits）是什么样的？

（4）你觉得文中的故事有什么不合理（unreasonable, illogical）的地方吗？

第六步：朗读课文 Read aloud the text.

（二）扩展阅读　Extended Reading

1 生词

1.	亿	yì	Nu	hundred million
2.	改	gǎi	V	to change, to alter
3.	发现	fāxiàn	V	to find, to discover
4.	弓 *	gōng	N	bow

乐读 2

专有名词 Proper Nouns

1.	宋朝*	Sòngcháo	Song Dynasty (960–1279)
2.	《百家姓》*	《Bǎijiāxìng》	The Book of Family Names
3.	章*	Zhāng	a Chinese surname

2 课文《_____》

第一步：通读课文，为课文选择一个最合适的标题
Read the text and choose the most appropriate title for the text.

A. 《百家姓》　　B. 中国人的姓　　C. 中国人的姓名

中国一共有多少个姓呢？宋朝的《百家姓》里共有438个姓，其中单姓408个，复姓30个。今天，中国人的姓比这多得多，大概有4100个。

中国人的姓虽然多，但是分布很不均匀。有的姓人口很多，有的姓人口很少。现在，中国最大的三个姓是李（占总人口的7.9%）、王（占总人口的7.4%）、张（占总人口的7.1%）。这三个姓的人口加起来大概有3亿。

一般来说，一个中国人的姓跟他爸爸的是一样的。和西方不同的是，中国人姓在前，名在后。另外，结婚以后，女人是不改姓的。以前姓什么，结婚以后还姓什么。

姓不能随便改，所以中国人特别重视取名，名字里边都是父母对孩子的希望和祝福。男人和女人的名字是非常不一样的。比如说，男人的名字中常常有"伟""强""龙""明""超"等字，女人的名字中常常有"丽""珍""凤""静""萍"等字。

不知道你发现了没有，中国人在自我介绍的时候，往往会用几个常用的词去解释自己的姓名是哪几个汉字。比如，"我叫张东明，弓长张，东南西北的东，明天的明"。这是因为汉语里有很多同音字。如果不这样介绍，你就不知道他的名字是"张东明"还是"章冬名"。

第二步：通读课文，然后选择正确答案 Read the text and choose the correct answers.

（1）现在，中国大概有 _____ 个姓。
   A. 408　　　　　　　B. 438　　　　　　　C. 4100

（2）现在，中国最大的姓是 _____ 。
   A. 李　　　　　　　　B. 王　　　　　　　　C. 张

（3）下面哪一个不是常见的女人名？
   A. 珍　　　　　　　　B. 静　　　　　　　　C. 伟

（4）根据课文最后一段，下面哪一组是同音字？
   A. 有—友　　　　　　B. 考—老　　　　　　C. 明—朋

第三步：词义理解，根据上下文用自己的话解释加点部分的意思
Explain the meanings of the dotted parts using your own words according to the context.

（1）中国人的姓虽然多，但是分布很不均匀。
   _____

（2）和西方不同的是，中国人姓在前，名在后。
   _____

（3）姓不能随便改，所以中国人特别重视取名。
   _____

第四步：小组讨论并回答问题 Discuss in groups and answer the questions.

（1）在你的国家，孩子的姓和爸爸一样还是和妈妈一样？
（2）在你的国家，女人结婚以后用不用改姓？
（3）在你的国家，父母重视取名吗？你的名字是什么意思？
（4）你有地道（authentic, genuine）的中文名字吗？你的中文名字是什么意思？
（5）你知道怎么介绍自己的中文名字吗？

乐读 2

(三) 信息查找 Search the Information

十二生肖年份对照表

鼠	1936年 1948年 1960年 1972年 1984年 1996年 2008年 2020年	牛	1937年 1949年 1961年 1973年 1985年 1997年 2009年 2021年	虎	1938年 1950年 1962年 1974年 1986年 1998年 2010年 2022年
兔	1939年 1951年 1963年 1975年 1987年 1999年 2011年 2023年	龙	1940年 1952年 1964年 1976年 1988年 2000年 2012年 2024年	蛇	1941年 1953年 1965年 1977年 1989年 2001年 2013年 2025年
马	1942年 1954年 1966年 1978年 1990年 2002年 2014年 2026年	羊	1943年 1955年 1967年 1979年 1991年 2003年 2015年 2027年	猴	1944年 1956年 1968年 1980年 1992年 2004年 2016年 2028年
鸡	1945年 1957年 1969年 1981年 1993年 2005年 2017年 2029年	狗	1946年 1958年 1970年 1982年 1994年 2006年 2018年 2030年	猪	1947年 1959年 1971年 1983年 1995年 2007年 2019年 2031年

十二生肖的性格特点及适合职业

生肖	性格特点	适合的职业
鼠	能经常给别人带来快乐，朋友多； 不管遇到什么困难，都能乐观面对	教师、作家
牛	喜欢自己一个人，不太喜欢交朋友； 做事努力认真，得到老板的喜欢和信任	律师、医生、公务员
虎	对自己有信心，喜欢挑战，想要成功； 有了目标以后，会为了这个目标努力	老板、管理人员
兔	喜欢不一样的生活，追求流行和时尚； 有礼貌，心地善良，喜欢帮助别人	设计师、园艺师、艺术家
龙	喜欢冒险，追求浪漫； 对自己很有信心，不太喜欢听别人的意见	领导、商人、运动员

（续表）

生肖	性格特点	适合的职业
蛇	看起来很冷，但心里很热情； 审美独特，是天生的艺术家	演员、艺术家
马	学东西很快，做事能坚持； 有时候会因为不喜欢冒险而失去很多机会	职员、经理、企业家
羊	性格温和，善良； 重视家庭，不太喜欢交朋友	音乐家、画家
猴	聪明过人，容易抓住机会而成功； 手脚灵活，行动敏捷	演员、厨师、运动员
鸡	重视细节，所以常常觉得别人做得不够好； 善良，喜欢帮助别人	文学家、艺术家、公务员
狗	正直、忠诚，有责任感，做事努力； 高兴或者不高兴都表现在脸上，容易生气	职员、警察
猪	不喜欢挑战，喜欢普通的生活； 热情、朋友多	教师、医生、职员

注：生肖文化和西方星座文化相似，中国人认为生肖不同的人性格特点也不同。当然这只是民间说法，不可能同一年出生的人性格都一模一样。

（1）1984年出生的人属什么？

　　A. 鼠　　　　B. 牛　　　　C. 虎　　　　D. 兔

（2）1999年出生的人属什么？

　　A. 鼠　　　　B. 牛　　　　C. 虎　　　　D. 兔

（3）2018年出生的人属什么？

　　A. 猴　　　　B. 鸡　　　　C. 狗　　　　D. 猪

（4）哪个生肖的人是天生的艺术家？

　　A. 龙　　　　B. 蛇　　　　C. 马　　　　D. 羊

（5）哪个生肖的人适合当警察？

　　A. 猴　　　　B. 鸡　　　　C. 狗　　　　D. 猪

（6）哪个生肖的人适合当演员、厨师、运动员？

　　A. 猴　　　　B. 鸡　　　　C. 狗　　　　D. 猪

（7）哪个生肖的人遇到困难的时候可以乐观面对？

　　A. 鼠　　　　B. 牛　　　　C. 虎　　　　D. 兔

乐读 2

（8）哪个生肖的人对自己有信心，喜欢挑战，想要成功？

A. 龙　　　　　B. 虎　　　　　C. 兔　　　　　D. 鼠

四、汉字小故事　Stories of Chinese Characters

姓和名

　　孩子的姓跟爸爸一样，那么，为什么"姓"的意符是"女"而不是"亻"呢？

　　原来，"姓"这个字是在母系氏族社会产生的。在那个时候，男女如果要结婚，是男人到女人家去。女人怀孕或生完孩子以后，男人就离开了。因此，那个时候的孩子只知道自己的妈妈是谁，不知道爸爸是谁，孩子只能跟妈妈姓。所以，"姓"是一个会意字。

　　"名"也是会意字。上边的"夕"表示"晚上"。晚上很黑，别人看不见你。那别人怎么知道你是谁呢？当然是说出自己的名字了！所以，在晚上的时候，用"口"告诉别人自己叫什么就是"名"。

1　生词

1.	母系氏族社会*	mǔxì shìzú shèhuì		matriarchal society
2.	怀孕	huái//yùn	V	to be pregnant

2　练习：根据短文内容选择正确的答案

（1）"姓"是_____产生的。

A. 母系氏族社会　　B. 父系氏族社会　　C. 工业社会

（2）"姓"是_____字。

A. 象形　　　　　　B. 会意　　　　　　C. 图画

（3）"名"上边的"夕"表示什么意思？

A. 上午　　　　　　B. 下午　　　　　　C. 晚上

五、挑战自己　Challenge Yourself

（一）选词填空　Fill in the blanks with the words.

往返、分钟、玩具、幸福、蚊子、环境、机票、流利、乒乓球、礼物

1. 夏天的时候，这儿 _____ 很多。
2. 他不但说得很 _____ ，而且写得也快，一 _____ 能写20个汉字。
3. 单程 _____ 比较贵， _____ 的便宜。
4. 这是送给你们的结婚 _____ ，祝你们 _____ 。
5. 我儿子小时候不喜欢打 _____ ，就喜欢玩儿 _____ 。
6. 我住的地方虽然离这儿有点儿远，但是 _____ 特别好。

睡懒觉、蛇、就、选、定、当、报名、表示、生气、属、顺序、排

中国有十二生肖，它们的 _____ 是：老鼠、牛、老虎、兔子、龙、_____ （又叫"小龙"）、马、羊、猴子、鸡、狗、猪。每一年用一种动物 _____ ，每十二年循环一次。比如说，1984年出生的人 _____ 鼠，那1983年出生的人就属猪，1985年出生的人就属牛。

很久以前，人们决定 _____ 十二种动物 _____ 人的生肖。人们 _____ 了一个日子，告诉动物们这一天来 _____ ，先到的十二种动物就可以当十二生肖。

猫打算和老鼠一起去，可是报名那天早上，老鼠没叫猫，自己偷偷去报名了，而且老鼠跑得很快，是第一个到的。猫因为 _____ ，起晚了。猫没有选上，很 _____ 。从那以后，猫一看见老鼠 _____ 要吃它。这也是十二生肖中老鼠 _____ 第一的原因。

（二）选择相对应的句子

Choose the corresponding sentences.

A. 我忘带现金了！
B. 你为什么学习法律？

乐读 2

C. 你以后打算做什么工作？

D. 你发现了没有？他最近每天都跟一个漂亮的女孩儿在一起。

E. 我考完试了。

F. 你千万别迟到啊！

1. 放心吧！我明天一起床就去。   （   ）
2. 没事，银行卡也行。   （   ）
3. 晚上打算去哪儿庆祝？   （   ）
4. 因为我的理想是当一名律师。   （   ）
5. 那是她妹妹。   （   ）

（三）判断所给句子与原句意思是否一致

Decide whether the given sentences are consistent with the original ones in meaning.

1. 我们几个打算偷偷去。
   我们几个打算去，但是不告诉别人。   （   ）
2. 听了男朋友的话，她心里像喝了蜜一样甜。
   听完了男朋友的话，她就喝了蜂蜜，她觉得蜂蜜很甜。 （   ）
3. 和西方不同的是，中国人姓在前，名在后。
   中国人姓、名的顺序和西方不一样。   （   ）
4. 想吃什么随便点！
   不是你想吃什么就可以点什么。   （   ）
5. 汉语里有很多同音字。
   汉语里发音一样的汉字有很多。   （   ）

（四）谜语 Riddles

1. 银行两边。（打一个字）_____
2. 一边数一边记。（打一个字）_____
3. 你打死了它，可看到的是自己的血（xiě, blood）。（打一种昆虫，An insect）_____

4. 一座长桥同天高，数数颜色真不少。红橙黄绿青蓝紫，雨后常常把它找。（打一种自然现象，A natural phenomenon）_____

（五）笑话 Joke

一天，几个动物要过河，可是它们只有一条小船[1]，不能一起过去。所以它们想了一个好主意——每个动物说一个笑话，要是其他动物不笑，就把说笑话的这个动物扔[2]到河里。

猴子第一个说，它说完以后，别的动物都笑了，只有猪没笑，所以它们把猴子扔到了河里。第二个说笑话的是兔子，它说完以后，别的动物都笑了，还是只有猪没笑，所以它们把兔子也扔到了河里。第三个说笑话的是乌龟[3]，它说完以后，别的动物都没笑，只有猪笑了。动物们觉得很奇怪，就问猪为什么笑。猪回答说："猴子的笑话太有意思了！"

（六）看看下面的字，你认识哪些 Which of the following characters do you know?

下面是12个有趣的、和动物有关的成语和歇后语。读一读，试着把它们和对应的意思连起来。

Here are 12 interesting idioms and allegorical sayings related to animals. Read and match them with their English interpretations.

第一组

胆小如鼠	so-so
初生牛犊不怕虎	A crafty person has more than one hideout.
马马虎虎	as timid as a mouse
狡兔三窟	They who know nothing fear nothing.
望子成龙	anti-climax; to give up easily
虎头蛇尾	to hope one's children will have a bright future

---

1 船：chuán；N；boat
2 扔：rēng；V；to throw
3 乌龟：wūguī；N；tortoise

乐读 2

第二组

马到成功	God knows how long.
顺手牵羊	to walk away with something
猴年马月	to win instant success
铁公鸡——一毛不拔	to live a dog's life
狐朋狗友	stingy person, miser
猪狗不如	disreputable gang, very bad friends

第七课 不识庐山真面目，只缘身在此山中
Dì-qī kè Bù shí Lúshān zhēn miànmù, zhǐ yuán shēn zài cǐ shān zhōng

一、知识银行 Knowledge Bank

（一）常用意符介绍 Introduction to frequently used semantic components

1 石

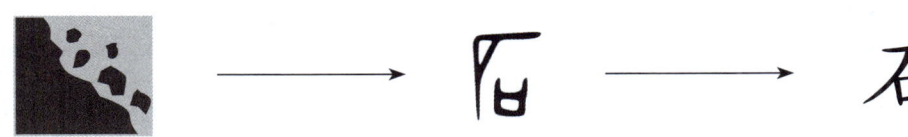

石，甲骨文写作 🗿，本义是山崖边的岩石。"石"部的字多与石头有关。

"石", written as "🗿" in oracle bone inscription, originally means a rock near the cliff. Characters with "石" as a component are mostly related to "stone" or "rock".

2 穴（⺳）

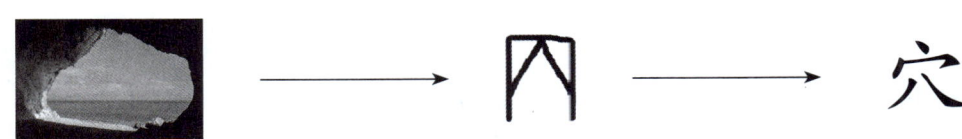

穴，甲骨文写作 ⋂，像一个岩洞。作为意符，一般在汉字的上边，写作"⺳"。"穴（⺳）"部的字多与洞穴、房屋有关。

"穴", written as "⋂" in oracle bone inscription, resembles a cave. As a semantic component, it is usually used at the top of a character and written as "⺳". Characters with "穴" as a component are mostly related to "cave" or "house".

乐读 2

3 气

气，金文写作气，像云气蒸腾上升的样子。"气"部的字多与空气、云气有关。

"气", written as "气" in bronze inscription, resembles rising air. Characters with "气" as a component are mostly related to "air".

4 禾

禾，甲骨文写作禾，像一棵颗粒饱满、摇摇欲坠的谷穗。"禾"部的字多与农作物有关。

"禾", written as "禾" in oracle bone inscription, resembles mature ears of grain that are ready to be harvested. Characters with "禾" as a component are mostly related to "crop".

5 㫃（方）

㫃，甲骨文写作㫃，像飘扬的旗子，作为意符写作"方"。"㫃（方）"部的字多与旗帜有关。

"㫃", written as "㫃" in oracle bone inscription, resembles a waving flag. As a semantic component, it is written as "方". Characters with "㫃（方）" as a component are mostly related to "flag".

练习一下：根据意符猜一猜下面汉字的意思

Exercise: Guess the meanings of the following characters according to their semantic components.

矿	kuàng		flag	岩	yán	tribe
窗	chuāng		to plant	窄	zhǎi	rock
氧	yǎng		oxygen	氛	fēn	narrow
种	zhòng		window	秋	qiū	atmosphere
旗	qí		mineral	族	zú	autumn

（二）常用句式　Frequently used sentence patterns

不但……，而且…… not only…, but also…
It is used to indicate a further meaning.

（1）小笼包不但好吃，而且不贵。
（2）这些孩子不但会唱歌，而且舞跳得也好。

A 被（B）+ 动词 + …… A is + -ed verb (+ by B)
It is the basic structure of passive sentences.

（1）我被蚊子咬了。
（2）他被认为是一百年来最伟大的歌手之一。

练习一下：完成句子 Exercise: Complete the sentences.

1. 这孩子不但聪明，_____。
    A. 而且漂亮　　　　B. 而且很笨　　　　C. 而且学习汉语
2. 在中国旅游_____，而且还能提高汉语水平。
    A. 不但不好玩儿　　B. 不但没时间学习汉语　　C. 不但能认识中国朋友
3. 他们打算天黑以后再去，这样_____。
    A. 天就黑了　　　　B. 不容易被别人看见　　C. 容易被别人看见
4. 我的钱包_____。
    A. 被小偷儿偷走了　B. 被小偷儿认为了　　　C. 被买东西付钱了

二、集中识字　Recognize the Characters

（一）石部

石	1. 石头	shítou	N	stone, rock	我要的是钻石，不是石头！
	2. 钻石*	zuànshí	N	diamond	

乐读 2

碗	3. 碗	wǎn	N	bowl	你好，我要一碗牛肉面、一瓶矿泉水。
矿	4. 矿泉水 *	kuàngquánshuǐ	N	mineral water	

码	5. 号码	hàomǎ	N	number	我电脑的密码就是我的手机号码。
	6. 密码	mìmǎ	N	password	

研	7. 研究 *	yánjiū	V	to do research	他要读研究生，他想研究中国文化。
	8. 研究生	yánjiūshēng	N	postgraduate	

破	9. 破 *	pò	V	(to be) worn out	我最喜欢的牛仔裤破了，我的心都碎了。
碎	10. 碎	suì	V	to break into pieces	

（二）穴（宀）部

空	11. 天空	tiānkōng	N	sky	这里天空很蓝，空气很好；夏天不热，冬天不冷，所以不用空调。
	12. 空气	kōngqì	N	air	
	13. 空调	kōngtiáo	N	air conditioner	

穿	14. 穿	chuān	V	to put on	听到奇怪的声音[1]，他马上穿上衣服，拉开窗帘，打开窗户，往外边看。
窗	15. 窗户	chuānghu	N	window	
	16. 窗帘 *	chuānglián	N	curtain	

---

1 声音：shēngyīn；N；sound

第七课 不识庐山真面目，只缘身在此山中

容	17. 容易	róngyì	Adj	easy	今天学习的内容很容易。
	18. 内容*	nèiróng	N	content	

突	19. 突然	tūrán	Adj	sudden	你为什么突然想去龙门石窟？
窟	20. 石窟*	shíkū	N	grotto, rock cave	

（三）气部

气	21. 气温	qìwēn	N	air temperature	气温一高，我心情就不好，很容易生气。
	22. 生气	shēng//qì	VO	to get angry	

氧	23. 氧气*	yǎngqì	N	oxygen	有氧运动能帮助减肥。有氧运动让身体得到很多氧气，体内物质[1]变成二氧化碳和水排出[2]。
	24. 有氧运动	yǒuyǎng yùndòng		aerobic exercise	
	25. 二氧化碳*	èryǎnghuàtàn	N	carbon dioxide	

（四）禾部

秋	26. 秋天	qiūtiān	N	autumn, fall	中秋节在秋天。中秋节的时候，中国人会吃各种各样的月饼[3]。
	27. 中秋节*	Zhōngqiū Jié	PN	Mid-Autumn Festival	
种	28. 各种各样*	gèzhǒng-gèyàng	IE	various	

秘	29. 秘密	mìmì	N	secret	秘书知道老板所有的秘密。
	30. 秘书*	mìshū	N	secretary	

---

1 物质：wùzhì；N；substance
2 排出：páichū；to expel
3 月饼：yuèbing；N；moon cake

乐读 2

香	31. 香	xiāng	Adj	appetizing, fragrant	你用的什么香水？怎么这么香？
	32. 香水 *	xiāngshuǐ	N	perfume	

科	33. 科学	kēxué	N	science	我儿子喜欢看百科全书。他说以后要当科学家，所以每天学习科学知识。
	34. 科学家 *	kēxuéjiā	N	scientist	
	35. 百科全书 *	bǎikē quánshū		encyclopedia	

利	36. 有利	yǒulì	Adj	beneficial	这场球赛，天气对我们很有利，我们一定要胜利！
	37. 胜利	shènglì	V	to win, to triumph	

（五）扒（扌）部

旅	38. 旅游 *	lǚyóu	V	to travel	哥哥喜欢旅游，他毕业以后开了一家旅行社。
	39. 旅行社 *	lǚxíngshè	N	travel agency	

族	40. 民族	mínzú	N	ethnic group	中国有56个民族。中国的国旗是五星红旗。
	41. 上班族	shàngbānzú	N	office workers	
	42. 月光族 *	yuèguāngzú	N	people who live paycheck to paycheck	我是一个上班族，也是一个月光族，我每个月都会把钱花光[1]。
旗	43. 国旗	guóqí	N	national flag	

---

1 花光：huāguāng；to spend out

三、阅读实践　Reading Comprehension

（一）精读　Intensive Reading

1 生词

1.	地道	dìdao	Adj	authentic, native
2.	消息	xiāoxi	N	message, news
3.	登*	dēng	V	to publish
4.	奖金	jiǎngjīn	N	bonus, prize money
5.	英镑	yīngbàng	N	pound sterling
6.	凭借*	píngjiè	V	by means of
7.	对手	duìshǒu	N	opponent, rival
8.	仍然	réngrán	Adv	still
9.	翻译	fānyì	V	to translate
10.	品牌	pǐnpái	N	brand

2 课文《你不知道的可口可乐》

第一步：技巧训练，下面的词你都没有学过，请根据意符判断词义
Tell the meanings of the words according to their semantic components.

（1）蝌蚪（kēdǒu）

A. 　　B. 　　C.

（2）啃（kěn）

A. 　　B. 　　C.

乐读 2

1885 年，美国人约翰·彭伯顿（John Pemberton）研制出了一种治头疼的药水。有一天，他的助手不小心把苏打水倒进了药水。谁也没有想到，几天以后，有很多人排队来买这种药水。约翰·彭伯顿和他的助手觉得很奇怪，就问那些人为什么要买这个药水。那些人告诉他们这个药水不但可以治头疼，而且喝了以后会让人觉得很快乐。

1886 年，这种药水被当作饮料开始在美国售卖。由于这个药水是用古柯（coca）树的叶子和古拉（cola）树的果子制成的，所以叫 Coca-Cola。

40 年之后，Coca-Cola 来到了中国。刚开始的时候，这种饮料只在上海售卖，但是卖得非常不好，因为在那个时候，它的中文名字叫"蝌蚪啃蜡"。很少有人想去尝试这种新饮料，因为它的名字太奇怪了，不知所云。

1928 年，生产这个饮料的公司希望能给 Coca-Cola 找到一个地道的中文名字。于是，他们把这个消息登在了报纸上，奖金为 350 英镑。最后，上海的一位教授凭借"可口可乐"这个名字打败了所有对手，拿走了这 350 英镑。

中国人喜欢"可口可乐"这个名字，因为它不但听起来像 Coca-Cola，而且意思也好。"可口"的意思是好喝，"可乐"是让人觉得快乐。直到今天，"可口可乐"仍然被认为是翻译得最好的一个品牌名。

第二步：细读课文，然后选择正确答案 Read the text carefully and choose the correct answers.

（1）为什么很多人排队买加了苏打水的药水？
    A. 因为喝了可以治头疼
    B. 因为喝了可以让人觉得很快乐
    C. 以上都对

（2）可口可乐是哪年来到中国的？
    A. 1886 年   B. 1926 年   C. 1928 年

第七课 不识庐山真面目，只缘身在此山中

（3）可口可乐刚来到中国的时候，为什么卖得不好？
　　　A. 因为上海是一个小城市，买的人不多
　　　B. 因为它的名字很奇怪，很少有人想喝
　　　C. 课文没有告诉我们为什么

（4）"可口可乐"这个地道的中文名字是怎么来的？
　　　A. 是饮料公司翻译的
　　　B. 是中国的一位教授翻译的
　　　C. 是从报纸上找到的

（5）中国人为什么喜欢"可口可乐"这个名字？
　　　A. 因为它听起来和 Coca-Cola 差不多
　　　B. 因为这个名字有很好的意思
　　　C. 以上都对

（6）根据课文，我们可以知道什么？
　　　A. 有时候一个好的名字对一个品牌来说很重要
　　　B. 如果奖金很多，人们就愿意参加比赛
　　　C. 苏打水可以让饮料变好喝

第三步：词义理解，根据上下文判断加点部分的意思
Tell the meanings of the dotted parts according to the context.

（1）他的助手不小心把苏打水倒进了药水。
　　　A. 帮助他的人　　　B. 他用自己的手

（2）由于这个药水是用古柯树的叶子和古拉树的果子制成的，所以叫 Coca-Cola。
　　　A. 因为　　　　　　B. 虽然

（3）因为它的名字太奇怪了，不知所云。
　　　A. 所以不知道　　　B. 不知道说的是什么

（4）他们把这个消息登在了报纸上，奖金为 350 英镑。
　　　A. 因为　　　　　　B. 是

（5）（他）打败了所有对手，拿走了这 350 英镑。
　　　A. 在比赛中胜利了　　B. 在比赛中失败了

第四步：朗读课文　Read aloud the text.

乐读 2

(二) 扩展阅读　Extended Reading

1　生词

1.	比萨	bǐsà	N	pizza
2.	药草	yàocǎo	N	medicinal herb
3.	闻	wén	V	to smell
4.	蛋黄酱	dànhuángjiàng	N	mayonnaise
5.	总之	zǒngzhī	Conj	in short, in a word

专有名词 Proper Nouns

1.	欧洲	Ōuzhōu	Europe
2.	希腊*	Xīlà	Greece
3.	意大利*	Yìdàlì	Italy
4.	墨西哥*	Mòxīgē	Mexico
5.	斯洛伐克*	Sīluòfákè	Slovakia

2　课文《_____》

第一步：通读课文，为课文选择一个最合适的标题
Read the text and choose the most appropriate title for the text.

A. 比萨的历史　　B. 意大利的比萨　　C. 世界各地的比萨

比萨是欧洲和北美地区最常见的快餐。你知道比萨的历史吗？

古希腊人把油、药草和奶酪放在面包上，同面包一起吃。这可以看作世界上最古老的比萨了。但这样的比萨不管从做法、样子，还是从味道来说，都和我们今天吃的比萨有很大的不同。我们今天吃的比萨来自意大利。

最早做比萨和吃比萨的是意大利的穷人。相传，1889年，公主玛格丽特（Margherita）在街上看到了很多穷人在吃比萨。这比萨闻起来很香，所以她也想尝尝。她吃完以后非常喜欢，便把这个做比萨的人带回了王宫。这个人进了王宫以后，每天给她做各种各样的比萨。有一次，他用蔬菜、奶酪和西红柿做了一个比萨。这个比萨的颜色恰好和意大利国旗的颜色一样，有绿色、白色和红色。他看到公主非常喜欢这个比萨，就把这个比萨叫作"玛格丽特"。直到今天，"玛格丽特"仍然是最受欢迎的比萨之一。之后，意大利人把比萨带到了全欧洲。

今天，你可以在世界各地找到比萨，但每个国家的比萨又是不太一样的。比如，日本人做比萨喜欢放蛋黄酱，墨西哥人喜欢放辣椒，斯洛伐克人用的奶酪很特别。总之，你爱吃什么就往比萨里放什么。如果你吃素，就可以做一个都是蔬菜的比萨，没有人会觉得奇怪。

第二步：通读课文，然后判断正误

Read the text and decide whether the following statements are true (T) or false (F).

（1）我们今天吃的比萨来自古希腊。　　　　　　　　　　（　　）

（2）最早做比萨和吃比萨的人是公主玛格丽特。　　　　　（　　）

（3）玛格丽特把一个人带回了王宫是因为她觉得那个人做的比萨
　　　很好吃。　　　　　　　　　　　　　　　　　　　（　　）

（4）"玛格丽特"比萨在今天仍然很受欢迎。　　　　　　　（　　）

（5）今天，每个国家的比萨都差不多一样。　　　　　　　（　　）

（6）如果你做了一个蔬菜比萨，别人会觉得很奇怪。　　　（　　）

第三步：词义理解，根据上下文判断加点部分的意思

Tell the meanings of the dotted parts according to the context.

（1）古希腊人把油、药草和奶酪放在面包上，同面包一起吃。
　　　A. 相同　　　　　　　　B. 和

（2）公主玛格丽特在街上看到了很多穷人在吃比萨。
　　　A. 有钱的人　　　　　　B. 没有钱的人

乐读 2

（3）她吃完以后非常喜欢，便把这个做比萨的人带回了王宫。
　　A. 就　　　　　　B. 方便

（4）如果你吃素，就可以做一个都是蔬菜的比萨。
　　A. 不吃肉　　　　B. 吃肉

第四步：朗读课文 Read aloud the text.

（三）信息查找　Search the information

关于可口可乐公司，你不知道的事

可口可乐公司的成立时间是1886年5月8日；

世界上第一瓶可口可乐是在药店卖出的，价格为5美分；

每天，全世界有17亿人购买可口可乐公司的产品；

可口可乐公司每秒钟卖出19400瓶饮料；

2016年，可口可乐公司在"全世界最有价值品牌"中排第三（第一是苹果，第二是谷歌）；

日本是拥有可口可乐饮料自动售卖机最多的国家，大概有70万台；

哥斯达黎加有用"可口可乐"命名的公共汽车站；

瑞典有世界上最大的可口可乐卡车；

智利有全世界最大的可口可乐广告牌；

美国纽约的时代广场有全世界最大的可口可乐瓶子；

可口可乐于1926年进入中国市场；

1948年，上海每天可卖出可口可乐100万箱；

可口可乐公司在中国有43家工厂，有员工45000人；

可口可乐公司在中国出售50多种饮料，每天，中国人购买其饮料的数量达1.5亿杯。

（1）世界上第一瓶可口可乐是在哪儿卖出的？
　　A. 医院　　　　　　B. 药店　　　　　　C. 自动售卖机
（2）可口可乐公司每秒钟可以卖出多少饮料？
　　A. 19400 瓶　　　　B. 100 万箱　　　　C. 1.5 亿杯
（3）2016 年，在"全世界最有价值品牌"中排第一的是哪个公司？
　　A. 可口可乐　　　　B. 苹果　　　　　　C. 谷歌
（4）你在哪个国家可以找到"可口可乐"公共汽车站？
　　A. 瑞典　　　　　　B. 美国　　　　　　C. 哥斯达黎加
（5）可口可乐公司在中国有多少家工厂？
　　A. 43 家　　　　　 B. 50 家　　　　　 C. 100 家

四、汉字小故事　Stories of Chinese Characters

乐

看到这个字，你会怎么读呢？是读"yuè"呢？还是读"lè"呢？

如果只是这一个字，你读哪个都对。但是在"音乐"这个词中你要读"yuè"，在"快乐"这个词中你要读"lè"。像这样一个字有几个读音的，我们叫它"多音字"。

"乐"的古文字写作🎵，像一个木头架子上有一个鼓，所以"乐"的本义是"音乐"。人们听到好听的音乐，当然就会感到"快乐"。孔子听到好听的音乐以后，"三月不知肉味"，意思是很长一段时间吃肉都觉得没有味道。

你看，虽然"乐"有两个读音、两个意思，但是意思之间是有联系的。

1　生词

1.	架子*	jiàzi	N	shelf, rack
2.	鼓*	gǔ	N	drum
3.	孔子	Kǒngzǐ	PN	Confucius (551 BC - 479 BC)

乐读 2

2 练习：根据短文内容选择正确的答案

（1）"乐"的本义是什么？
　　A. 快乐　　　　　B. 音乐　　　　　C. 乐器
（2）什么是多音字？
　　A. 一个字有几个意思
　　B. 一个字有几个读音
　　C. 两个不同的字读音一样
（3）下面3个你学过的字，哪个是多音字？
　　A. 得　　　　　　B. 米　　　　　　C. 吃

五、挑战自己　Challenge Yourself

（一）选词填空　Fill in the blanks with the words.

突然、穿、秘密、上班族、空调、而且、容易、气温、生气、秋天

1. A：他怎么那么 _____？
　　B：因为大家都知道了他的 _____。
2. 这里夏天 _____ 很高，每天都要开 _____。
3. 今天上午天气很好，下午 _____ 下起大雨来。
4. 跟中国人聊天儿不但可以提高口语水平，_____ 可以了解中国社会。
5. 我是一个 _____，也是一个月光族，因为我每个月都会把钱花光。
6. 我最喜欢这儿的 _____，因为有黄叶、有红叶，可漂亮了！
7. 你 _____ 得太少了，这样出去 _____ 感冒。

饮料、希望、对手、地道、奇怪、翻译、被、由于、快乐、头疼

你知道吗？可口可乐在一开始的时候只是一种治 _____ 的药水，但是喝了它以后很多人感觉很 _____。

1926年，Coca-Cola来到中国。_____ 当时它的中文名字叫"蝌蚪啃

蜡"，所以很少有人想去尝试这种新_____，因为它的名字太_____了。1928年，公司_____能给Coca-Cola找到一个_____的中文名字。最后，上海的一位教授用"可口可乐"这个名字打败了所有_____。

直到今天，"可口可乐"仍然_____认为是_____得最好的一个品牌名。

（二）选择相对应的句子
Choose the corresponding sentences.

A. 什么东西那么香？
B. 这儿每天都是蓝天。
C. 我们一定要胜利！
D. 我最大的爱好就是旅游。
E. 他的理想是当一名导游。
F. 你家的wifi密码是多少？

1. 就是我的手机号码。　　　　　　　　　　　　　　　（　　　）
2. 是啊，空气特别好！　　　　　　　　　　　　　　　（　　　）
3. 你鼻子真好，快来尝尝我做的鱼。　　　　　　　　　（　　　）
4. 加油！　　　　　　　　　　　　　　　　　　　　　（　　　）
5. 怪不得他现在每天都在旅游。　　　　　　　　　　　（　　　）

（三）判断所给句子与原句意思是否一致
Decide whether the given sentences are consistent with the original ones in meaning.

1. 由于大雾，飞机现在不能起飞。
   因为大雾，飞机现在不能起飞。　　　　　　　　　　（　　　）
2. 500克为一斤。
   500克是一斤。　　　　　　　　　　　　　　　　　　（　　　）

乐读 2

3. 他打败了所有对手。
   他失败了。   (   )

4. 对不起，我吃素。
   对不起，我只吃肉。   (   )

5. 看到他们上了火车，我便离开了。
   看到他们上了火车，我就离开了。   (   )

(四) 谜语 Riddles

1. 坡上没土，只有石头。（打一个字）_____
2. 每个女孩子都喜欢的石头。（打一种自然物）_____
3. 吃了不饱，喝了不饱，人人需要，每分每秒。（打一种自然物）_____
4. 花茶。（打一种女性常用的东西）_____

(五) 笑话 Joke

公司新来了一个老板，这个老板非常不喜欢不努力工作的员工。

一天中午，他想看看员工是不是都在努力工作，就去了员工们的办公室。一进办公室他就看见一个没穿西服的人正站在窗户旁边玩儿手机。老板很生气地问那个人："你每个月的工资[1]是多少？"

"五千。"

"好，我给你五千，现在就给我走人！我不想再看到你了！明天开始你不用来了！"

那个人也不说话，拿着五千块钱就走了。

老板回过头去问他的秘书："那个人叫什么？我要告诉所有的员工，他被开除[2]了！"

"老板，我也不知道他叫什么。他是送比萨的。"

---

1 工资：gōngzī；N；salary
2 开除：kāichú；V；to fire (sb.)

（六）看看下面的字，你认识哪些　Which of the following characters do you know?

下面的词都是音译外来词。读一读，根据发音判断它们的意思。

Here are 10 transliterated loanwords. Read and tell their meanings according to their pronunciations.

酷	coffee	巧克力	golf
沙发	cool	麦克风	microphone
沙拉	sofa	高尔夫	chocolate
吐司	salad	马拉松	sandwich
咖啡	toast	三明治	marathon

第八课　生活的智慧
Dì-bā kè　Shēnghuó de zhìhuì

一、知识银行　Knowledge Bank

（一）常用意符介绍　Introduction to frequently used semantic components

1　巾

巾，甲骨文写作𢁇，像一条手帕或毛巾。"巾"部的字多与布匹、纺织有关。

"巾", written as "𢁇" in oracle bone inscription, is a pictograph of a handkerchief or towel. Characters with "巾" as a component are mostly related to "cloth" or "textiles".

2　力

力，金文写作𠃌，像用来翻土的工具。"力"部的字多与力气、劳动有关。

"力", written as "𠃌" in bronze inscription, resembles a plowing tool used for turning the soil. Characters with "力" as a component are mostly related to "physical strength" or "labor".

3　彡

彡，像花纹形，本义是装饰用的花纹。现在只当作意符来用，不再单独成字。"彡"部的字多与色彩、花纹、装饰有关。

"彡", resembling a flower pattern, depicts decorative patterns. Now it is only used as a semantic component, not as an independent character any more. Characters with "彡" as a component are mostly related to "color", "design", or "decoration".

4 车

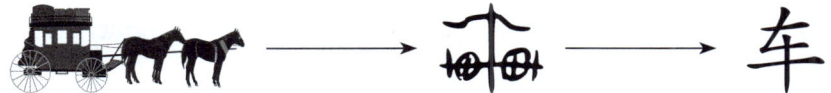

车，甲骨文写作 ，像两轮马车。"车"部的字多与车辆、运输有关。

"车", written as " " in oracle bone inscription, resembles a two-wheeled cart. Characters with "车" as a component are mostly related to "vehicle" or "transport".

5 勹

勹，古文字写作 ，像人身体弯曲之形，本义为包裹。现在只当作意符来用，不再单独成字。"勹"部的字多与弯曲、包裹有关。

"勹", written as " " in ancient scripts, resembles a person who is bending down, and originally means "to wrap up". Now it is only used as a semantic component, not as an independent character any more. Characters with "勹" as a component are mostly related to "bending" or "wrapping".

练习一下：根据意符猜一猜下面汉字的意思

Exercise: Guess the meanings of the following characters according to their semantic components.

帽	mào	man		席	xí	shape
男	nán	hat		动	dòng	to move
彩	cǎi	warehouse		形	xíng	mat
库	kù	to wrap		晕	yūn	spoon
包	bāo	colorful		勺	sháo	dizzy

乐读 2

（二）常用句式　Frequently used sentence patterns

只要……，就…… as long as…

It is used to indicate that a result will come out under a certain condition.

（1）只要你做完作业，就可以看电视。
（2）只要你喜欢唱歌，就可以参加这个比赛。

与其……，不如…… would rather… than…

It is used to indicate that the speaker chooses the latter rather than the former after comparison.

（1）现在房价太贵了，与其买房，不如租房。
（2）5点正是堵车的时候，与其打车去，不如坐地铁去。

📓 练习一下：选择正确的关联词

Exercise: Choose the correct connective words.

> A. 不但；而且　　B. 与其；不如　　C. 只要；就

1. _____ 你有信心，_____ 一定能成功。
2. 现在饭馆儿人多，_____ 去那儿排队等座位，还 _____ 在家吃。
3. 二手车经常出问题，所以我觉得 _____ 买二手车，_____ 多花点儿钱买辆新车。
4. 我不想住在大城市。大城市 _____ 人多，_____ 每天堵车。
5. 你 _____ 把这个做完，_____ 可以走了。

二、集中识字　Recognize the Characters

（一）巾部

巾	1. 围巾*	wéijīn	N	scarf
帽	2. 帽子	màozi	N	hat, cap
帅	3. 帅	shuài	Adj	handsome

他戴上帽子和围巾以后特别帅！

第八课 生活的智慧

带	4. 皮带 *	pídài	N	(leather) belt	我忘了带皮带,你现在能带我去商店吗?我得买一条。
	5. 带	dài	V	to bring, to take (a person) (to do sth.)	

| 帝 | 6. 皇帝 * | huángdì | N | emperor | 故宫是以前皇帝生活和工作的地方。 |

| 席 | 7. 主席 * | zhǔxí | N | chairman | 他是学校的学生会主席。 |

(二) 力部

力	8. 力气 *	lìqi	N	strength	这个男人很有力气。他有3个孩子,生活压力很大,所以工作很努力。
	9. 努力	nǔlì	Adj	hard-working	
	10. 压力	yālì	N	pressure	
男	11. 男人 *	nánrén	N	man	

历	12. 历史 *	lìshǐ	N	history	她上个月刚参加了历史考试,今天她来给我们讲这次考试的经历。
	13. 经历	jīnglì	N	experience	
加	14. 参加	cānjiā	V	to take part in	

办	15. 办法	bànfǎ	N	way, solution	你有没有什么好办法可以帮助这个小女孩儿变勇敢?
助	16. 帮助 *	bāngzhù	V	to help	
勇	17. 勇敢	yǒnggǎn	Adj	brave	

乐读 2

务	18. 任务	rènwu	N	task, mission	今天是母亲节，老师给我们的任务是帮助妈妈做家务。
	19. 家务 *	jiāwù	N	housework	

动	20. 运动 *	yùndòng	V/N	to do sports; sport	我从小就喜欢运动，特别是踢足球，我的梦想是当一名足球运动员，老师常常鼓励我说："你只要努力练习，以后一定会成功的！"
	21. 运动员 *	yùndòngyuán	N	athlete	
功	22. 成功 *	chénggōng	V/Adj	to succeed; successful	
励	23. 鼓励	gǔlì	V	to encourage	

（三）彡部

影	24. 电影 *	diànyǐng	N	movie	这个电影讲的是人类[1]的生活是怎么影响环境的。
	25. 影响	yǐngxiǎng	V	to influence, to affect	

彩	26. 彩色	cǎisè	N	multicolor	学校的活动丰富多彩。你看，有的孩子在用彩色铅笔画彩虹，有的孩子在练习打球，还有的孩子在学习跳舞。
	27. 彩虹 *	cǎihóng	N	rainbow	
	28. 丰富多彩 *	fēngfù-duōcǎi	IE	rich and colorful	

（四）车部

车	29. 停车场	tíngchēchǎng	N	parking lot	商场有地下车库，也有地上停车场，你停哪儿都行。
库	30. 车库 *	chēkù	N	garage	

---

[1] 人类：rénlèi；N；human beings

第八课 生活的智慧

晕	31. 晕	yùn	V	(to feel) dizzy	我女朋友坐车的时候晕车，坐船的时候晕船，只有骑自行车的时候不晕。
	32. 晕车 *	yùn//chē	VO	to be carsick	
	33. 晕船 *	yùn//chuán	VO	to be seasick	

轻	34. 年轻	niánqīng	Adj	young	这位年轻老师的课又轻松又有意思。
	35. 轻松 *	qīngsōng	Adj	easy	

软	36. 软件	ruǎnjiàn	N	software	这个软件可以看电影，也可以下载电影，很方便。
载	37. 下载	xiàzài	V	to download	

（五）勺部

勺	38. 勺子	sháozi	N	spoon	常见的餐具有筷子、勺子、刀子和叉子。

句	39. 句子	jùzi	N	sentence	这个句子已经写完了，应该用句号，不应该用逗号[1]。
	40. 句号 *	jùhào	N	period, full stop	

包	41. 面包 *	miànbāo	N	bread	常见的主食包括米饭、面条儿、包子、饺子和面包。
	42. 包子 *	bāozi	N	steamed stuffed bun	
	43. 包括	bāokuò	V	to include	

---

1 逗号：dòuhào；N；comma

乐读 2

三、阅读实践　Reading Comprehension

（一）精读　Intensive Reading

1　生词

1.	微波炉	wēibōlú	N	microwave oven
2.	流*	liú	V	to flow, to shed
3.	硬	yìng	Adj	hard, firm
4.	扔掉	rēngdiào		to throw away
5.	洒	sǎ	V	to spray
6.	挤*	jǐ	V	to squeeze
7.	消毒	xiāo//dú	VO	to disinfect, to sterilize
8.	细菌	xìjūn	N	germ, bacteria
9.	原理*	yuánlǐ	N	theory, principle
10.	脏	zāng	Adj	dirty

2　课文《微波炉的妙用》

第一步：快速浏览课文，找到下面问题的答案
Read the text quickly and find the answers to the following questions.

> 1. 课文里介绍了几种微波炉的用法？
> 2. 现代人的生活已经离不开微波炉了。除了加热食物以外，你知道微波炉还能用来做什么吗？

让你笑着切洋葱

切洋葱的时候你是否也会流眼泪呢？有了微波炉就不用担心了！把洋葱洗干净，切成两半，然后放进微波炉，加热一分钟后拿出来，你就可以笑着切洋葱了。

让硬了的面包变软

面包买多了,还没吃完就变硬了。就这样扔掉吗?当然不可以!拿一张餐巾纸,在餐巾纸上洒上一些水。用这张湿的餐巾纸把面包包上,放进微波炉。只要加热半分钟,面包就会变软了。

轻松挤出柠檬汁

烈日炎炎的夏天,你是否到家就想先来一杯柠檬冰红茶呢?把柠檬切成两半,放进微波炉,加热一分钟,然后就可以轻松挤出柠檬汁了!

制作热毛巾

把湿毛巾(不要太湿)放进微波炉加热两分钟,拿出来就可以用了。要是有朋友来家里吃饭,就每人发一条。毛巾洗完了可以再用,方便又环保。

给餐具、毛巾消毒

用久了的餐具和毛巾上会有一些细菌,影响家人的健康。微波可以在极短的时间内对物体进行高温加热,利用这个原理,只要把洗干净的餐具和毛巾放进微波炉,加热五分钟,就可以杀菌消毒了。

每天都用微波炉,里面脏了怎么办?清洗微波炉也很简单!在一碗水里加一点儿白醋,放进微波炉加热五分钟,然后把碗拿出来,最后用毛巾把微波炉里面擦干净就行了。

第二步:通读课文,然后判断正误

Read the text and decide whether the following statements are true (T) or false (T).

(1)把洋葱用微波炉加热半分钟以后再切,就不会流眼泪了。　　　(　　)

乐读 2

（2）如果面包变硬了，就应该扔掉。　　　　　　　　　　（　　）

（3）想轻松挤出柠檬汁，要先把柠檬切成两半放进微波炉，
　　　然后加热一分钟。　　　　　　　　　　　　　　　（　　）

（4）用微波炉制作热毛巾，方便又环保。　　　　　　　　（　　）

（5）微波可以在很短的时间内对物体进行高温加热，利用这个
　　　原理，可以对物体进行高温消毒。　　　　　　　　　（　　）

（6）清洗微波炉需要很长时间。　　　　　　　　　　　　（　　）

第三步：词义理解，根据上下文判断加点部分的意思
Tell the meanings of the dotted parts according to the context.

（1）现代人的生活已经离不开微波炉了。
　　　A. 不能没有　　　　B. 不能打开

（2）切洋葱的时候你是否也会流眼泪呢？
　　　A. 否定　　　　　　B. 是不是

（3）拿一张餐巾纸，在餐巾纸上洒上一些水。用这张湿的餐巾纸把面包包上。
　　　A. 有水的　　　　　B. 没有水的

（4）烈日炎炎的夏天，你是否到家就想先来一杯柠檬冰红茶呢？
　　　A. 有太阳，特别热　　B. 没有太阳，阴天

（5）制作热毛巾
　　　A. 看作　　　　　　B. 做

第四步：朗读课文 Read aloud the text.

（二）扩展阅读 Extended Reading

1 生词

1.	交通	jiāotōng	N	transportation, traffic
2.	工具	gōngjù	N	tool
3.	有效率	yǒu xiàolǜ		efficient

4.	调查	diàochá	V	to survey
5.	显示*	xiǎnshì	V	to show, to reveal
6.	平均	píngjūn	V/Adj	to average; average
7.	睡眠	shuìmián	N	sleep
8.	精力	jīnglì	N	vigor, energy
9.	社交	shèjiāo	N	social contact
10.	智慧	zhìhuì	N	wisdom

2 课文《通勤时间，可以做什么》

第一步：通读课文，找到下面问题的答案

Read the text and find the answers to the following questions.

> 1. 什么是"通勤"？
> 2. 课文里说了几件在通勤时间可以做的事？

你每天花多长时间通勤？一个小时，两个小时，还是更长时间？不管是坐公共汽车、坐地铁，还是乘坐别的什么公共交通工具上下班，都应该好好儿利用这宝贵的通勤时间。那么，通勤时间做什么可以让你的工作和生活更有效率呢？

打盹儿

调查结果显示，现在的上班族每天的平均睡眠时间不足7小时，而世界卫生组织（WHO）建议的时间为8小时。研究显示，每天15～30分钟的浅睡眠对人的身心健康非常有好处。因此，上班族利用上班路上的时间睡一会儿，可以让身体为一天的工作、生活做好准备，让你一天都精力充沛。当然，下班路上你也可以睡，只要别睡太久就行。下午睡太久会影响晚上的睡眠。

乐读 2

看朋友圈、听语音留言

打开你的社交软件，看看你的朋友们都在做什么。要是你看到了特别有意思的事，还可以在上班的时候跟你的同事们聊一聊。不过，不要聊太久，被老板发现你总是在聊天儿就不好了。再看看有没有家人或朋友给你留言了，而你因为太忙还没有回复。利用通勤的时间联系一下家人和朋友也是一个不错的选择。

为今明两天或周末做打算

下班回家的路上，可以想想晚饭要准备什么、去超市要买什么、周末带孩子去哪儿玩儿等，提前做好打算。与其上班时间想这些，不如利用通勤的时间来想，这样可以提高你的工作效率。

生活的智慧，从利用通勤时间开始。

第二步：细读课文，然后选择正确答案

Read the text carefully and find the answers to the following questions.

（1）根据课文，通勤不包括什么？
　　A. 走路上下班
　　B. 坐公共汽车上下班
　　C. 坐地铁上下班

（2）世界卫生组织建议的每天平均睡眠时间为＿＿＿＿小时。
　　A. 6　　　　　　B. 7　　　　　　C. 8

（3）关于浅睡眠，下面哪句话是对的？
　　A. 浅睡眠的时间大概为 7 小时
　　B. 每天一个浅睡眠对人的身心健康有好处
　　C. 晚上通勤时来一个浅睡眠最好

（4）作者为什么建议下班路上不要睡太久？
　　A. 因为你可能会忘了下车
　　B. 因为你晚上可能会睡不着
　　C. 因为会影响白天工作

（5）作者为什么建议通勤时间看看有没有家人或朋友的留言？
　　A. 因为你可能每天跟同事聊天儿而没有时间跟家人或朋友聊天儿
　　B. 因为你可能因为工作太忙而没有及时回复家人或朋友的信息
　　C. 因为老板不让你在上班时间听家人或朋友的留言
（6）根据课文内容，下面那句话是不对的？
　　A. 想知道一个人有没有智慧，就看他会不会利用通勤时间
　　B. 下班回家的路上，你可以为周末做打算
　　C. 如果能很好地利用通勤时间，可以提高你的工作和生活效率

第三步：词义理解，根据上下文判断加点部分的意思

Tell the meanings of the dotted parts according to the context.

（1）你每天花多长时间通勤？
　　A. 用　　　　　　B. 花钱
（2）打盹儿
　　A. 睡很长时间的觉　B. 睡一小会儿觉
（3）现在的上班族每天的平均睡眠时间不足7小时。
　　A. 满足　　　　　B. 不够
（4）上班族利用上班路上的时间睡上一会儿……让你一天都精力充沛。
　　A. 很有精力　　　B. 不太有精力
（5）可以想想晚饭要准备什么……提前做好打算。
　　A. 在事情发生以前　B. 在前一天

（三）信息查找　Search the Information

喝水的谣言（rumor）与真相（fact）

➢ 一个人每天要喝8杯水
　　谣言。医生建议一个健康的人每天要从食物和饮料中获取等同于8杯水的液体。除了直接喝水以外，你还可以从很多东西中获取这些液体，比如水果、蔬菜、汤、咖啡等。

➢ 起床以后应先喝一杯水
　　起床以后喝一杯水可以加快体内的新陈代谢，还能起到润肠通便的作用，对身体非常好。

乐读 2

➢ 不渴也要喝水

很多人觉得渴了以后才喝水，这是不对的。因为当你觉得渴了的时候，其实身体已经严重缺水了，口渴是身体发出的信号。所以不渴的时候也要喝水，特别是在烈日炎炎的夏天。

➢ 喝水可以让你精力充沛

谣言。精力来自良好的睡眠和食物中的卡路里，而喝水和睡眠无关，水里面也没有卡路里，所以喝水不会让你的精力变充沛。

➢ 喝水可以让你的脸部皮肤变好

女人都相信的谣言。你喝了水以后，水会被输送到你的全身，比如你的脚、你的肌肉、你的肾脏等，但并不是像女人希望的那样先到达她们的脸上。

➢ 水喝得越多越好

一个健康的人每天的小便次数应该是 7～8 次。喝太多的水不但对你的身体没有好处，而且会给肾脏带来负担，影响你的肾脏健康。

➢ 剧烈运动后也要喝水，不要喝运动饮料

一般来说，喝水比喝运动饮料更健康。但是，水里没有糖、盐和卡路里，所以在剧烈运动以后，喝运动饮料对身体更好。

➢ 晚上睡觉以前不要喝太多水

这是真的。因为如果睡觉以前喝太多水，你进入睡眠以后，你的肾脏还在工作，会增加肾脏的负担。等肾脏工作完了，你还要起来去上厕所。所以晚上睡觉以前不要喝太多水。

快速判断下面的说法是谣言还是真相 Tell whether each of the following statements is a rumor or a fact.

说法	谣言	真相
一个人每天要喝 8 杯水	✓	
起床以后应先喝一杯水		
不渴也要喝水		
喝水可以让你精力充沛		
喝水可以让你的脸部皮肤变好		

(续表)

说法	谣言	真相
水喝得越多越好		
剧烈运动后也要喝水，不要喝运动饮料		
晚上睡觉以前不要喝太多水		

四、汉字小故事　Stories of Chinese Characters

力、男、劣

力，甲骨文写作𠃌，本义是"翻土用的工具"。翻土需要力气，所以"力"又有了引申义"力气"。

再看看这个字——男。这个字左边是一块农田，右边是翻土的工具。"田"加"力"就组成了"男"——在农田里用力气工作的是"男人"。

一个东西如果质量不好，我们就说它是"劣质"的。为什么呢？因为是用很"少"的"力"做出来的。

1　生词

1.	翻土*	fān tǔ		to turn the soil
2.	引申义	yǐnshēnyì		extended meaning
3.	农田*	nóngtián	N	farmland
4.	劣质	lièzhì	Adj	bad quality

2　练习：根据短文内容选择正确的答案

（1）"力"的引申义是什么？
　　A. 翻土工具　　B. 力气　　C. 努力

（2）"男"字上边的"田"是什么？
　　A. 农田　　　　B. 油田　　C. 窗户

乐读 2

（3）下面三个句子中都有带"口"的词，哪个用的是引申义？

A．"我一看到烤鸭就流口水。"

B．"每天吃完午饭，我都要吃一块口香糖。"

C．"门口那个人你认识吗？"

五、挑战自己　Challenge Yourself

（一）选词填空　Fill in the blanks with the words.

带、帅、包括、下载、年轻、晕车、压力、不如、停车场、只要、影响

1. 现在堵车，与其打车，还 _____ 坐地铁呢。
2. 我也去 _____ ，我 _____ 你去吧。
3. 我们的老师又 _____ 又 _____ 。
4. _____ 你是会员[1]就可以免费 _____ 电影。
5. 虽然只有你一个人抽烟[2]，但是你 _____ 了全家人的健康。
6. 这次的汉语水平考试 _____ 听、说、读、写四个部分[3]，但是一点儿也不难，大家不要有 _____ 。
7. 我有点儿 _____ ，得休息一会儿。

除了、轻松、笑、让、生活、影响、眼泪、离不开、细菌、硬

　　现代人的 _____ 早已 _____ 微波炉。微波炉 _____ 能加热食物以外，其实还有很多别的用处。

　　切洋葱的时候你是否也会流 _____ 呢？有了微波炉就不用担心这个问题了，微波炉可以 _____ 你 _____ 着切洋葱。

　　微波炉能让 _____ 了的面包变软。

　　微波炉能帮你 _____ 挤出柠檬汁。

　　用久了的餐具和毛巾上会有 _____ ， _____ 家人的健康。微波炉能对餐具和毛巾进行高温消毒，使用起来也非常方便。

1　会员：huìyuán；N；member (of a club, etc.)
2　抽烟：chōuyān；V；to smoke
3　部分：bùfen；N；part

（二）选择相对应的句子

Choose the corresponding sentences.

A. 请问，我可以参加这个比赛吗？

B. 现代人的生活有个特点——每天都离不开手机。

C. 我不太习惯用刀叉。

D. 您要什么主食？

E. 咱们坐船去吧。

F. 咱们坐船还是坐飞机？

1. 当然可以！只要你喜欢跳舞就行。（　　）
2. 那你问问服务员有没有筷子。（　　）
3. 一笼包子、一碗牛肉面，谢谢。（　　）
4. 是啊，手机可以说是生活必需品了。（　　）
5. 不行，我晕船，还是坐飞机去吧。（　　）

（三）判断所给句子与原句意思是否一致

Decide whether the given sentences are consistent with the original ones in meaning.

1. 飞机能否起飞要看天气情况。
   因为天气很好，飞机现在可以起飞。（　　）
2. 他每天花两个小时健身。
   他每天用两个小时健身。（　　）
3. 我每天中午都在办公室打个盹儿。
   我每天中午都在办公室睡很长时间。（　　）
4. 很多医生平均每天睡眠时间不足5小时。
   很多医生平均每天睡眠时间不够5小时。（　　）
5. 国庆节很多人都出去玩儿，所以你得提前订票。
   国庆节很多人都出去玩儿，所以你应该在去以前订票。（　　）

乐读 2

(四) 谜语　Riddles

1. 没有头发的老师。（打一个字）_____
2. 动一半，画中间。（打一个字）_____
3. 有雾没有雨。（打一个字）_____
4. 一条龙，不怕风。秋冬人人爱，夏天没人戴（to wear）。（打一件生活用品，An article of daily use）_____

(五) 笑话　Joke

包子和面条儿打架[1]，包子输[2]了。包子对面条儿说："你等着！"然后就走了。包子回家叫来了好朋友小笼包和生煎包，准备一起打面条儿。在去找面条儿的路上，他们看到了方便面。三个人飞快地跑过去一起打了方便面。方便面生气地问："你们为什么打我？"包子回答说："你以为你烫[3]了头，我就不认识你了吗？"

(六) 看看下面的字，你认识哪些　Which of the following characters do you know?

什么酸酸？什么甜甜？什么苦苦？什么咸咸？

什么圆圆在天边？什么圆圆在眼前？什么圆圆街上卖？什么圆圆跑向前？

柠檬酸酸，糖果甜甜，中药苦苦，海水咸咸。

太阳圆圆在天边，眼镜圆圆在眼前，西瓜圆圆街上卖，车轮圆圆跑向前。

你是否还有别的答案呢？试试看吧！

1　打架：dǎ//jià；VO；to fight
2　输：shū；V；to lose (a game)
3　烫：tàng；V；to perm

Dì-jiǔ kè　Zhōngguó gùshi
第九课　中国故事

一、知识银行　Knowledge Bank

（一）通过意符推知汉字的本义，窥见中国文化
Infer the original meanings of characters and understand Chinese culture through semantic components

　　经过几千年的发展，有些汉字的字义发生了很大的变化。比如，"我"原来是指一种武器，现在变成了第一人称代词。像这样字义完全发生变化的汉字并不是很多。随着社会生产的进步与科技的发展，人们对世界万物有了更准确的认识，人们把这些科学的认识加诸字义，字义便有了引申。比如，"月"原本指月亮，后来人们意识到月亮的圆缺是周期性的，所以"月"的词义就引申表示时间了，如一月、二月等。

　　After thousands of years' development, the meanings of some Chinese characters have changed greatly. For example, "我", which originally means a weapon, has now become a first-person pronoun. Chinese characters whose meanings have completely changed are few in number. With the progress of social productivity and the development of science and technology, human beings began to have a more accurate understanding of everything in the world. When people added their scientific understanding to the meanings of characters, the characters gained extended meanings. For example, "月" originally refers to the moon. Later, people realized that the moon's waxing and waning are cyclical. Thus, "月" was extended to mean a period of time, such as "一月" and "二月".

137

乐读 2

虽然很多汉字的字义发生了变化，但是利用象形字、指事字象形的特征，我们可以推知其本义，利用会意字、形声字意符表意的特征，我们又可以根据意符推知汉字的本义和什么有关。这个规律不但可以帮助我们解决很多汉字学习中的难题，而且能帮助我们了解中国古人造字时的思想，从而帮助我们进一步了解中国文化。

Although the meanings of many Chinese characters have changed, we can infer the original meanings of pictographic and indicative characters using their features and what the original meanings of associative and pictophonetic characters are related to using their semantic components. This rule can not only help us solve many problems in learning Chinese characters, but also help us understand the ideas of Chinese people when creating characters, thus helping us further understand Chinese culture.

比如，"禾"，甲骨文写作 ，像一棵颗粒饱满、摇摇欲坠的谷穗。那么"禾"的本义应该是谷穗，"禾"部的字应该与农作物、粮食有关。中国自古以来就是一个农业国，粮食对人们来说很重要。古人把粮食看作上天赐予的神物，看作美好的象征，因此有"嘉禾"之说；"嘉禾"的意思就是生长得茁壮的禾苗，古人视为瑞征。

For example, "禾", written as " " in oracle bone inscription, resembles a mature eat of grain that is ready to be harvested. The original meaning of "禾" is supposedly "ear of grain". Characters with "禾" are mostly related to "grain" or "crop". China has been an agricultural country since ancient times, so grains mean a great deal to Chinese people. Ancient Chinese considered grains as something holy bestowed by the heaven and a symbol of happiness, hence the saying "嘉禾", which means grains and crops that grow well, a lucky omen in the eyes of ancient people.

很多与钱财有关的字，如"贵""货""贸""费"等，都以"贝"为意符。"贝"，古文字写作 ，像一只张开嘴的蛤蜊。可是，钱财与贝壳有什么关系呢？原来，中国古时候，贝壳不容易得到，所以人们常常把贝壳当作十分宝贵的东西，或者作为珍贵的礼物送给别人，或者拿它和别人交换东西。慢慢地，贝壳就被当作货币来使用了。因此"贝"部的字多与钱财、贸易有关。

Many characters related to "money" have "贝" as a semantic component, such as "贵(expensive)", "货(goods)", "贸(trade)" and "费(fee)". "贝", written as " " in ancient scripts, resembles a clam with its shell opened. However, why is a shell related to money? In ancient China, shells were difficult to obtain, so they were regarded as highly valuable things. Shells were often used as precious gifts or to give other people in exchange for articles. Gradually, shells became a kind of currency. Therefore, characters with "贝" as a component are mostly related to "money" or "trade".

很多与大脑的思维活动有关的字，如"想""思""虑""懂"等，都以"心（忄）"为意符。这是因为古时候人们的认知能力有限，那个时候的人们认为心是思维器官，因此与思维活动有关的字都从"心（忄）"部。

Many characters related to brain and mental activities have "心(忄)" as a semantic component, such as "想(to miss)", "思(to think)", "虑(to consider)", and "懂(to understand)". Due to the limited cognitive ability, ancient people considered the heart as the organ of thought, so characters with "心(忄)" as a component are mostly related to mental activities.

看到"蜡",我们的第一反应是"蜡烛""蜡像"的"蜡"。可是这个"蜡"为什么和"虫"有关呢?原来,"蜡"指的是动物或植物分泌的油脂。蜡能燃烧,因此能做成蜡烛;蜡又具有可塑性,因此能做蜡像。那"彩虹"的"虹"为什么也和"虫"有关呢?这是因为,古时候中国人认为彩虹是一条巨龙,龙当然就和"虫"有关了,人们还认为雨后龙需要喝水,所以彩虹就会出现。

We would think of "candle" or "waxwork" at the sight of "蜡(wax)". But why is "蜡" related to "虫(insect, worm)"? It is because "蜡" referred to fats and oils secreted by animals or plants. Wax can be burned, and therefore can be made into candles. Wax is also deformable and moldable, so it can be made into a waxwork. But how come "虹(rainbow)" is also related to "虫"? The reason is ancient Chinese thought "rainbow" was a huge dragon who needed to drink water after rain.

最后再说说"页"。很多人看到"顶""项""颜""顾"等字的时候都一脸茫然:这些字和"一页""两页"的"页"有什么关系呢?"页",甲骨文写作🦴,本义是人头。因此,用"页"做意符的字都与"人头"有关:"顶"是头顶,"项"是脖子,"颜"是脸,"顾"是回头。至于"页"表示"一页书""两页书"的"页",是同音假借,跟"页"的本义无关。

Let's discuss "页" at last. Many feel confused when they see characters like "顶", "项", "颜", "顾", etc. What do these characters have to do with "页", which means "page"? "页", written as "🦴" in oracle bone inscription, originally means "human head". Therefore, characters with "页" as a component are mostly related to "human head". "顶" means "top of the head", "项" means "neck", "颜" means "face", and "顾" means "to look back". The "页" which means "page" is actually a phonetic loan that has nothing to do with the original meaning of "页".

乐读 2

练习一下：根据意符猜一猜下面汉字的意思

Exercise: Guess the meanings of the following characters according to their semantic components.

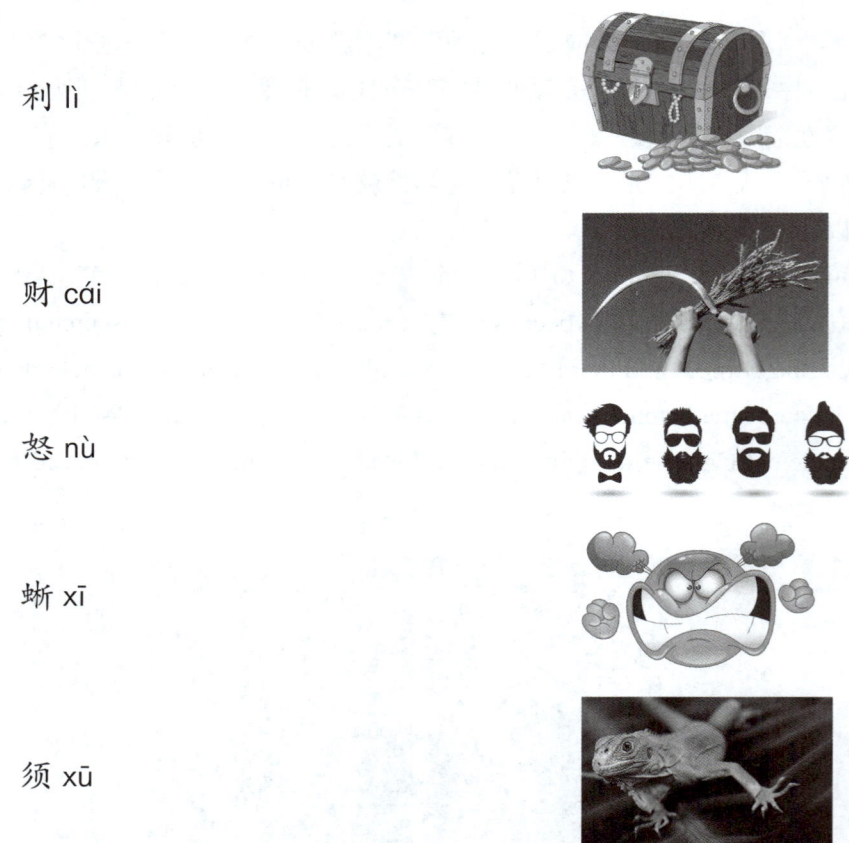

利 lì

财 cái

怒 nù

蜥 xī

须 xū

（二）常用意符介绍　Introduction to frequently used semantic components

1 足

　　足，甲骨文写作 𤴩，像人体膝盖以下的部分。"足"部的字多与腿部、脚部动作有关。
"足", written as "𤴩" in oracle bone inscription, resembles the part below the knee. Characters with "足" as a component are mostly related to "acts or movements of the leg(s) or foot (feet)".

2 页

页，甲骨文写作 ，像一个头大身子小的人。甲骨文突出了头部，所以"页"的本义是人头。"页"部的字多与头有关。

"页", written as " " in oracle bone inscription, resembles a person with a big head and a small body. The protruding big head indicates that its original meaning is "human head". Characters with "页" as a semantic component are mostly related to "head".

3 见

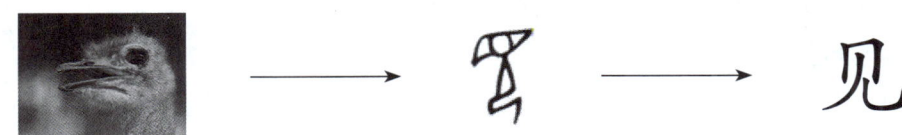

见，甲骨文写作 ，像一个跪在地上的人，上边有一只大眼睛在看什么东西。甲骨文突出了大眼睛，所以"见"的本义是看见。"见"部的字多与观看义有关。

"见", written as " " in oracle bone inscription, resembles a person kneeling on the ground with a big eye on top watching something. The protruding big eye indicates that its original meaning is "to see". Characters with "见" as a component are mostly related to "look", "watch", "view", etc.

4 马

马，甲骨文写作 ，像一匹马。"马"部的字多与马有关。

"马", written as " " in oracle bone inscription, resembles a horse. Characters with "马" as a component are mostly related to "horse".

乐读 2

5 隹

隹，甲骨文写作 🦜，本义是一种短尾鸟。"隹"部的字多与鸟有关。

"隹", written as "🦜" in oracle bone inscription, originally refers to a short-tailed bird. Characters with "隹" as a component are mostly related to "bird".

（三）常用句式　Frequently used sentence patterns

为了……，…… in order to...
It is used to indicate one does something for a certain purpose.

（1）为了能去中国留学，他正在努力学习汉语。
（2）为了减肥，他每天跑步。

……，除非…… unless...
It is used to indicate a necessary requirement.

（1）我们进不去，除非你有票。
（2）想让我不吃肉？除非太阳从西边出来！

练习一下：选择正确的关联词　Exercise: Choose the correct connective words.

A. 因为　　B. 为了　　C. 除了　　D. 除非

1. _____ 天气特别不好，他今天没去跑步。
2. 他每天都去跑步，_____ 天气特别不好。
3. _____ 减肥，他每天都去跑步。
4. _____ 跑步，他还喜欢游泳。
5. 你不能玩儿游戏，_____ 你把作业做完。
6. _____ 能玩儿游戏，他一回家就把作业做完了。

二、集中识字　Recognize the Characters

（一）足部

跑	1. 跑步*	pǎo//bù	VO	to run, to jog	我每天早上跑步，下午跟朋友一起踢足球。
踢	2. 踢足球*	tī zúqiú		to play soccer	

跳	3. 跳舞	tiào//wǔ	VO	to dance	跳伞的时候我心跳会加快，跟女孩儿跳舞的时候我的心跳也会加快。
	4. 跳伞*	tiào//sǎn	VO	to parachute	
	5. 心跳*	xīn//tiào	V	heartbeat	

路	6. 马路	mǎlù	N	road, street	一直往前走，到十字路口往左拐，地铁站就在马路西边。
	7. 路口	lùkǒu	N	intersection	

（二）页部

领	8. 领带*	lǐngdài	N	necktie	那位戴着蓝领带的就是我们公司的领导。
	9. 领导*	lǐngdǎo	N	leader	

题	10. 话题	huàtí	N	topic	大家先读一下课文标题，然后猜猜这一课的话题是什么。
	11. 标题	biāotí	N	title	

乐读 2

预	12. 预习	yùxí	V	to preview	我预约了下午去看牙医，还预订了一家饭馆儿，晚上跟朋友吃饭。可是天气预报说今天有大雨，所以我不去医院了，也不去吃饭了。我今天在宿舍预习生词。
	13. 预报	yùbào	N	forecast	
	14. 预约	yùyuē	V	to make an appointment	
	15. 预订	yùdìng	V	to reserve, to book	

| 顾 | 16. 照顾 | zhàogù | V | to take care of | 小时候父母照顾你，等他们老了，你也必须好好儿照顾他们！ |
| 须 | 17. 必须 | bìxū | Adv | must | |

| 顺 | 18. 顺利 | shùnlì | Adj | smooth | 他最近什么事都不太顺利，所以心情很烦躁。 |
| 烦 | 19. 烦躁 | fánzào | Adj | annoyed | |

（三）见部

| 见 | 20. 看见* | kàn//jiàn | V | to see | 我有五年没看见王老师了。昨天，我和她在星巴克见了一面，聊了聊。 |
| | 21. 见面 | jiàn//miàn | VO | to meet (a person) | |

现	22. 发现*	fāxiàn	V	to discover	我们参观了他的公司，跟他聊了聊天儿。我们发现他是一个很乐观的人。
观	23. 参观	cānguān	V	to visit	
	24. 乐观	lèguān	Adj	optimistic	

览	25. 游览 *	yóulǎn	V	to do sightseeing	我们先游览了长城，然后去博物馆看了展览。
览	26. 展览 *	zhǎnlǎn	N	exhibition	

觉	27. 感觉 *	gǎnjué	V	to feel	因为床太硬，我昨天晚上没睡好觉，今天感觉很累。
觉	28. 睡觉 *	shuì//jiào	VO	to sleep	

(四) 马部

马	29. 马 *	mǎ	N	horse	几千年以前，还没有汽车的时候，马和骆驼是人们的交通工具。
骆	30. 骆驼 *	luòtuo	N	camel	

骑	31. 骑马 *	qí mǎ		to ride a horse	别的同学都骑车上学，只有他骑马上学。他跟别人不一样，他觉得很骄傲。
	32. 骑车 *	qí chē		to ride a bike	
骄	33. 骄傲	jiāo'ào	Adj	cocky, proud	

骗	34. 骗	piàn	V	to cheat, to deceive	我今天被几个"小骗子"骗了。他们说："老师，我们的作业被狗吃了。"
	35. 骗子 *	piànzi	N	liar, fraud	

乐读 2

（五）隹部

雀	36. 麻雀*	máquè	N	sparrow	校园里有很多麻雀，动物园里有很多孔雀。
	37. 孔雀*	kǒngquè	N	peacock	

难	38. 困难	kùnnan	N	difficulty	小女孩儿遇到了困难，现在很难过。
	39. 难过	nánguò	Adj	sad, upset	

雄	40. 雄*	xióng	Adj	(biology) male	"雄"是"男的"，"雌"是"女的"。不过，英雄有男的，也有女的。
	41. 英雄	yīngxióng	N	hero	
雌	42. 雌*	cí	Adj	(biology) female	

三、阅读实践　Reading Comprehension

（一）精读　Intensive Reading

1 生词

1.	成	chéng	V	to become
2.	封	fēng	M	*a measure word for letters and mails*
3.	让	ràng	V	to ask (sb.) (to do sth.)
4.	毕业	bì//yè	VO	to graduate; graduation
5.	答应	dāying	V	to promise
6.	轿子*	jiàozi	N	sedan chair

7.	经过	jīngguò	V	to pass by
8.	坟墓*	fénmù	N	grave, tomb
9.	祭拜*	jìbài	V	to offer sacrifices and pay homage to (sb. dead)
10.	合	hé	V	to close, to combine
11.	美丽	měilì	Adj	beautiful

专有名词 Proper Nouns

1.	梁山伯*	Liáng Shānbó	name of a person
2.	祝英台*	Zhù Yīngtái	name of a person
3.	杭州*	Hángzhōu	capital city of Zhejiang Province

2 课文《梁山伯与祝英台》

第一步： 快速浏览课文，找到下面问题的答案
Read the text quickly and find the answer to the following question.

> 中国人认为梁山伯、祝英台死了以后变成了什么？

1600多年以前，有个女孩子叫祝英台，她非常喜欢读书。但在那个时候，女孩子是不能上学的。为了去上学，她决定女扮男装。在去杭州的路上，她认识了一个男孩子。这个男孩子叫梁山伯，他也要去杭州上学，所以他们成了好朋友。

在杭州，祝英台和梁山伯每天一起上课。慢慢地，祝英台爱上了梁山伯，但是梁山伯不知道祝英台是女的，更不知道她喜欢自己。

三年以后，祝英台的父母给她写了一封信，让她回家去。祝英台不想离开梁山伯，她想和梁山伯结婚，所以就问梁山伯："你有女朋友吗？"

"没有，怎么了？"

乐读 2

"我有个妹妹,她长得特别漂亮。你们要是能结婚就太好了。"

"真的吗?那太好了!我一毕业就去你家看看那个漂亮的妹妹。"

祝英台一回到家,她的爸爸就让她跟马文才结婚,因为马文才家很有钱。

过了几个月,梁山伯去了祝英台家。他发现祝英台是女的的时候,非常高兴,他说要和祝英台结婚。

祝英台的爸爸知道以后非常生气,告诉祝英台必须和马文才结婚,而且不让祝英台和梁山伯见面。祝英台非常难过,每天以泪洗面。

梁山伯也很难过,每天不吃不喝,没过多久,他就死了。

祝英台告诉她的爸爸:"想让我和马文才结婚,除非你答应我一件事:结婚那天,我的轿子必须经过梁山伯的坟墓。"她的爸爸同意了。

结婚那天,祝英台的轿子经过梁山伯的坟墓的时候,她下轿祭拜梁山伯。突然,天阴了,刮起了狂风,下起了暴雨,梁山伯的坟墓也打开了。祝英台看到坟墓打开,一下子跳了进去,然后坟墓就合上了。这时候,风停了,雨也停了,天晴了,坟墓里飞出了两只美丽的蝴蝶。

第二步:词义理解,根据上下文判断加点部分的意思

Tell the meanings of the dotted parts according to the context.

(1)在那个时候,女孩子是不能上学的。
　　A. 去学校　　　　　　B. 学习

(2)为了去上学,她决定女扮男装。
　　A. 让男人帮女人打扮
　　B. 女人穿上男人的衣服,让自己看上去像男人

(3)祝英台非常难过,每天以泪洗面。
　　A. 所以每天哭着洗脸　　B. 每天哭,好像用眼泪洗脸

(4)突然,天阴了,刮起了狂风,下起了暴雨,梁山伯的坟墓也打开了。
　　A. 开始刮大风,下大雨　　B. 大风不刮了,大雨也不下了

第三步： 细读课文，然后选择正确答案 Read the text carefully and choose the correct answers.

（1）祝英台为什么女扮男装？
A. 因为她喜欢穿男孩子的衣服
B. 因为她想去上学
C. 课文没有告诉我们为什么

（2）祝英台在哪儿认识了梁山伯？
A. 杭州　　　　　　B. 自己家　　　　　　C. 去杭州的路上

（3）祝英台为什么问梁山伯有没有女朋友？
A. 因为她爱上了梁山伯，想要和他结婚
B. 因为她觉得梁山伯很好，想帮他找一个女朋友
C. 因为她想把自己的妹妹介绍给梁山伯

（4）祝英台的父母为什么让她回家？
A. 因为他们要让祝英台和马文才结婚
B. 因为他们很想自己的女儿
C. 因为他们身体不好，需要祝英台回家照顾

（5）祝英台为什么很难过，每天以泪洗面？
A. 因为她听说梁山伯死了
B. 因为她的爸爸让她和马文才结婚，而且不让她和梁山伯见面
C. 课文没有告诉我们为什么

（6）祝英台让她的爸爸答应她什么事？
A. 结婚那天，马文才要祭拜梁山伯
B. 结婚那天，一定要刮风、下雨
C. 结婚那天，她的轿子要经过梁山伯的坟墓

（7）祝英台祭拜梁山伯的时候，发生了什么？
A. 天气变得很奇怪，梁山伯的坟墓也打开了
B. 天气变得很好，梁山伯的坟墓也合上了
C. 梁山伯的坟墓里飞出了蝴蝶

第四步： 按时间顺序给下列事件排序
Rearrange the following events in chronological order.

A. 风停了，雨停了，天晴了

乐读 2

B. 祝英台跳进了坟墓

C. 梁山伯的坟墓合上了

D. 坟墓里飞出了两只蝴蝶

E. 祝英台祭拜梁山伯

F. 梁山伯的坟墓打开了

G. 天阴了，刮起了狂风，下起了暴雨

E → ___ → ___ → ___ → ___ → ___ → ___

（二）扩展阅读 Extended Reading

1 生词

1.	战争	zhànzhēng	N	war
2.	规定	guīdìng	V/N	to stipulate; regulation
3.	当兵	dāng bīng		to join the army, to to be a soldier
4.	打仗*	dǎ//zhàng	VO	to fight a battle
5.	年纪	niánjì	N	age
6.	全	quán	Adj	whole, entire
7.	着急	zháo//jí	Adj	worried, anxious
8.	战场*	zhànchǎng	N	battlefield
9.	替	tì	V	to substitute for, to take the place of
10.	敌人*	dírén	N	enemy, foe
11.	贵重	guìzhòng	Adj	valuable

专有名词 Proper Nouns

1.	南北朝*	Nán-Běi cháo	Southern and Northern Dynasties (420–589)
2.	花木兰*	Huā Mùlán	name of a person
3.	北魏*	Běi Wèi	Northern Wei Dynasty (386–534)

2 课文《木兰从军》

第一步： 快速浏览课文，找到下面问题的答案
Read the text quickly and find the answer to the following question.

> 这位女英雄叫什么名字？

南北朝（420—589）的时候，中国出了一位有名的女英雄——花木兰。

那个时候，中国北方经常有战争，所以北魏皇帝规定：每家都要出一个男人去当兵打仗。可是花木兰的爸爸年纪很大，身体也不好，不能去打仗。全家人都很着急。

花木兰知道，如果爸爸去打仗，他可能会死在战场上。花木兰想了想，决定女扮男装替爸爸去打仗，所以她买了一匹好马和一些男人的衣服就自己去了战场。

在战场上，花木兰非常勇敢，常常打胜仗。但是花木兰一点儿也不骄傲，所以士兵们都很喜欢她。这场仗打了12年，最后，他们打败了敌人。

皇帝问花木兰想要什么，木兰说她只想赶快回家，看看自己的父母。所以皇帝给了木兰很多钱和贵重的礼物，让她回家了。

回到家以后，木兰见到了家人，很高兴。她换下了男装，穿上了女装。过了不久，很多和她一起打仗的士兵来看她。士兵们看到花木兰的时候都很吃惊："打了12年的仗，我们谁也不知道你是女的！"

第二步： 通读课文，然后判断正误
Read the text and decide whether the following statements are true (T) or false (F).

（1）花木兰是替爷爷去打仗的。　　　　　　　　　　　　　（　　）
（2）听说花木兰要去打仗，全家人都很高兴。　　　　　　　（　　）
（3）花木兰很勇敢，也常常打胜仗。　　　　　　　　　　　（　　）
（4）士兵们知道花木兰是女的，都很喜欢她。　　　　　　　（　　）
（5）花木兰和士兵们打败了敌人。　　　　　　　　　　　　（　　）
（6）花木兰没有要皇帝给的钱和礼物。　　　　　　　　　　（　　）
（7）"我们谁也不知道你是女的"中的"谁"说的是"士兵们"。（　　）

乐读 2

第三步：按时间顺序给下列事件排序
Rearrange the following events in chronological order.

A. 皇帝给了花木兰很多钱和礼物
B. 北方发生了战争
C. 花木兰和士兵们打败了敌人
D. 花木兰回家见到了家人
E. 花木兰女扮男装去了战场
F. 士兵们看到花木兰的时候都很吃惊

_____ → _____ → _____ → _____ → _____ → _____

（三）信息查找　Search the Information

中国故事国外知名度排行榜（rankings）

神话故事	1.《西游记》；2. 十二生肖；3. 盘古开天地；4. 神农尝百草；5. 宝莲灯
历史故事	1. 三国故事；2. 木兰从军；3. 中国第一位皇帝——秦始皇；4. 女皇帝武则天；5. 修建万里长城
成语故事	1. 马马虎虎；2. 画蛇添足；3. 愚公移山；4. 胸有成竹；5. 百发百中
寓言故事	1. 朝三暮四；2. 盲人摸象；3. 五十步笑百步；4. 两小儿辩日；5. 千里马
爱情故事	1. 梁山伯与祝英台；2. 白蛇传；3. 孟姜女哭长城；4. 霸王别姬；5.《红楼梦》

相关图书信息

书名	作者	出版社	价格
《中国神话故事》	金波	北京教育出版社	￥25.80
《中国历史故事集》	林汉达	中国少年儿童出版社	￥59.00
《成语故事》	李新武	人民文学出版社	￥26.00
《中国古代寓言故事》	闻钟	南京大学出版社	￥19.80
《中国古代爱情故事》	陈美林	新世界出版社	￥56.00

（1）"马马虎虎"是什么故事？
　　　A.成语故事　　　　B.神话故事　　　　C.爱情故事
（2）想了解梁山伯与祝英台的故事，你应该买哪本书？
　　　A.《成语故事》
　　　B.《中国古代寓言故事》
　　　C.《中国古代爱情故事》
（3）"木兰从军"在中国历史故事国外知名度排行榜中排第几？
　　　A.第一　　　　　B.第二　　　　　C.第三
（4）"十二生肖"的故事在排行榜中排第几？
　　　A.第一　　　　　B.第二　　　　　C.第三
（5）想了解三国故事，你应该买哪本书？
　　　A.《中国历史故事集》
　　　B.《中国神话故事》
　　　C.《成语故事》
（6）五本书中最贵的是哪本？
　　　A.《成语故事》
　　　B.《中国古代爱情故事》
　　　C.《中国历史故事集》

四、汉字小故事　Stories of Chinese Characters

故、事

事，甲骨文写作　，中间的　是"口"，　像手里拿着一支笔。用"手"拿着"笔"把别人用"口"说的话写下来，这就是"事"。所以，"事"的本义是"记录事情"，是一个动词。今天，"事"的常用义是"事情"，是一个名词。

"故"的意思是"以前的"，所以"故事"就是"以前的事情"，"故宫"就是"以前的皇宫"。

乐读 2

1 生词

1.	记录	jìlù	V	to record
2.	皇宫*	huánggōng	N	imperial palace

2 练习：根据短文内容选择正确的答案

（1）"事"的本义是什么？
A. 以前的事情　　　　B. 说事情　　　　C. 记录事情

（2）"事情"是什么词？
A. 名词　　　　　　　B. 动词　　　　　C. 形容词

（3）"故事""故宫"中的"故"是什么意思？
A. 原因　　　　　　　B. 以前的　　　　C. 皇帝的

五、挑战自己　Challenge Yourself

（一）选词填空 Fill in the blanks with the words.

困难、全、预订、预约、骄傲、乐观、跳舞、着急、游览、替、参观

1. 我们上午_____了长城，下午_____了历史博物馆。
2. 她是一个很_____的人，每天都开开心心的。不管遇到什么_____，都不会难过。
3. 孩子到现在还没回来，_____家人都很_____。
4. 他今天有事不能来，我_____他签字行吗？
5. 那家饭馆儿的生意特别火，你得提前_____。
6. 虽然这次_____比赛你得了第一，但是不能_____。
7. 请问，你跟大夫_____了吗？

同意、决定、蝴蝶、结婚、毕业、答应、难过、爱上、发现、为了

祝英台非常喜欢读书。_____去上学，她_____女扮男装。在

上学的时候，祝英台_____了梁山伯，但是梁山伯不知道祝英台是女的，更不知道她喜欢自己。

一天，祝英台的父母给她写了一封信，让她回家去。祝英台不想离开梁山伯，就跟他说："_____以后，你一定要来我家看我！"

过了几个月，梁山伯去了祝英台的家。他_____祝英台是女的的时候，非常高兴，他说要和祝英台_____，可是祝英台的爸爸不_____。祝英台和梁山伯都非常_____。没过多久，梁山伯就死了。

祝英台的爸爸让祝英台跟马文才结婚，祝英台说："想让我和马文才结婚，除非你_____一件事：结婚那天，我的轿子必须经过梁山伯的坟墓。"

结婚那天，当祝英台祭拜梁山伯的时候，梁山伯的坟墓突然打开了。祝英台一下子就跳了进去。坟墓合上以后从里面飞出了两只美丽的_____。

（二）选择相对应的句子

Choose the corresponding sentences.

A. 听说他找工作不太顺利。
B. 你走到十字路口往左拐，地铁站就在马路东边。
C. 世界上没有圣诞老人。
D. 我看天气预报了，明天天气晴，没风。
E. 你快去睡觉吧。
F. 你现在觉得怎么样？

1. 哦，这么近！谢谢你！ （   ）
2. 那咱们出去玩儿吧。 （   ）
3. 怪不得看他心情不太好。 （   ）
4. 睡了一觉，感觉好多了。 （   ）
5. 你骗我！我昨天还收到圣诞老人的礼物了呢。 （   ）

乐读 2

(三) 判断所给句子与原句意思是否一致

Decide whether the given sentences are consistent with the original ones in meaning.

1. 看到考试成绩后，他很难过。
   考试很难，他没有通过。　　　　　　　　　　　　　(　　)
2. 和男朋友分手以后，她每天以泪洗面。
   和男朋友分手以后，她每天哭。　　　　　　　　　　(　　)
3. 听到好听的音乐，小女孩儿跳起了舞。
   听到好听的音乐，小女孩儿开始跳舞。　　　　　　　(　　)
4. 我替他参加比赛。
   我和他一起参加比赛。　　　　　　　　　　　　　　(　　)
5. 谁都喜欢这个孩子。
   每个人都喜欢这个孩子。　　　　　　　　　　　　　(　　)

(四) 谜语　Riddles

1. 树上戴帽。（打一个字）_____
2. 一口吃掉走上土。（打一个字）_____
3. 一脚踢出。（打一个字）_____
4. 又见面了。（打一个字）_____
5. 不用嘴骂。（打一个字）_____
6. 人每天晚上要做的事。_____
7. 谁身上有两座山？（打一种动物）_____
8. 像鸡不是鸡，身穿五彩衣。尾巴[1]像扇子[2]，打开真美丽。
   （打一种动物）_____

(五) 笑话　Joke

一个男人想买马。他为了买到一匹好马，每天来市场看马。今天，他又来了。

1　尾巴：wěiba；N；tail
2　扇子：shànzi；N；fan

"朋友,要买马吗?来看看我这匹马!这匹马很特别,它能听懂人话。"

"能听懂人话?真的吗?我可不相信。"

"不相信?那你可以试试。要是你说'我的天哪',它就会飞快地跑;要是你说'你真帅',它就会很快停下来。"

这个人还是不相信,他骑上马,说了句"我的天哪",马真的飞快地跑了起来。马飞快地跑啊跑啊,跑到了悬崖[1]边上。他害怕[2]地大叫:"你真帅!"

马很快在悬崖边停了下来。

男人看着悬崖,吓[3]得大叫:"我的天哪!"

……

(六)看看下面的字,你认识哪些 Which of the following characters do you know?

亲爱的朋友们,这本书已接近尾声。你们是不是在快乐中阅读,并在阅读中找到快乐了呢?

Dear friends, this book has come to an end. Do you enjoy your reading?

希望所有正在学习汉语的留学生朋友们快乐!

如果快乐只能有四天,那一定是春天、夏天、秋天和冬天;

如果快乐只能有三天,那一定是昨天、今天和明天;

如果快乐只能有两天,那一定是白天和黑天;

如果快乐只能有一天,那一定是每一天!

在快乐中阅读,在阅读中寻找快乐。

---

1 悬崖:xuányá;N;cliff
2 害怕:hài//pà;V;(to be) scared
3 吓:xià;V;to scare, to frighten

第十课 总结测试
Dì-shí kè　Zǒngjié cèshì

一、判断所给词与图片是否一致（5%）Decide whether the words match the pictures.

例	牛	√
	老虎	×
1	柠檬	
2	勺子	
3	蛇	
4	冰激凌	

5		狗	
6		饺子	
7		行李箱	
8		裤子	
9		海鲜	
10		停车场	

二、根据句义选出正确的汉字（5%）

Choose the correct character according to the meaning of each sentence.

例：我每天早上喝一杯（午、⑭牛）奶。

1. 你去（超、起）市吗？
2. 我最喜欢的中国菜是西红柿（抄、炒）鸡蛋。
3. 坐地（铁、钱）上下班很方便。

乐读 2

4. 这是秘（蜜、密），不能告诉你。
5. 我昨天头（病、疼），所以没来上课。
6. 绿茶富含维生（累、素），每天喝对身体好。
7. 今天的语法很（容、客）易，我一听就明白了。
8. 我中午在学校食（常、堂）吃饭，晚上在家吃。
9. 你（跟、眼）谁一起去的上海？
10. 我想提高口语水平，你有什么好（力、办）法吗？

三、给下列加点汉字注音（5%）Add Pinyin (with tones) to the dotted characters.

　　　　　　　（zhī）　　（zhǐ）
例：我有一只小猫，它只吃鱼。

　　（　　）　　　　（　　）
1. 这儿的房子便宜，交通也方便。

　　（　　）（　　）
2. 我骑自行车去银行。

　　（　　）　　　（　　）
3. 他跑得很快，可是还得每天练习。

　　（　　）　　　　　（　　）
4. 听音乐的时候，我会很快乐。

　　（　　）　　　　（　　）
5. 我觉得很累，我要睡觉。

四、选择相对应的句子（5%）Choose the corresponding sentences.

A. 我有点儿发烧。
B. 中国朋友在路上看见我就问"去哪儿啊？"。
C. 中国人打招呼的方式都有哪些？
D. 明天有历史考试，我特别紧张。
E. 你汉语说得真好。
F. 我知道很难，但我还是想试一试。
G. 今天的风太大了！

例：哪里哪里！　　　　　　　　　　　　　　　　　　　　（　E　）

1. 我去把窗户关上。　　　　　　　　　　　　　　　　　　（　　）
2. 那你别上课了，快去医院看看吧。　　　　　　　　　　　（　　）
3. 你总是喜欢挑战自己。　　　　　　　　　　　　　　　　（　　）
4. 你成绩一直很好，不要有压力。　　　　　　　　　　　　（　　）
5. 那是中国人打招呼的一种方式。　　　　　　　　　　　　（　　）

五、选择恰当的词语（15%） Choose the appropriate word for each blank.

1. 这些东西不要钱，是＿＿＿＿＿＿送给你的。
    A. 赚钱　　　　　B. 小费　　　　　C. 免费　　　　　D. 破费
2. 饭馆儿的服务员都很＿＿＿＿＿＿。
    A. 热情　　　　　B. 感情　　　　　C. 热闹　　　　　D. 感觉
3. 上午天气还好好儿的，中午＿＿＿＿＿＿下起雨来了。
    A. 经常　　　　　B. 已经　　　　　C. 然后　　　　　D. 突然
4. 手上有很多＿＿＿＿＿＿，所以吃饭以前一定要洗手。
    A. 消毒　　　　　B. 细菌　　　　　C. 消息　　　　　D. 脏
5. 奶奶做的饭闻起来很＿＿＿＿＿＿。
    A. 美食　　　　　B. 味道　　　　　C. 饿　　　　　　D. 香
6. 每天喝一小杯葡萄酒可以＿＿＿＿＿＿心脏病。
    A. 预习　　　　　B. 预防　　　　　C. 帮助　　　　　D. 帮忙
7. 妈妈＿＿＿＿＿＿糖给弟弟了。
    A. 往往　　　　　B. 一定　　　　　C. 把　　　　　　D. 总之
8. 你＿＿＿＿＿＿我说的吗？
    A. 同意　　　　　B. 愿意　　　　　C. 意思　　　　　D. 表示
9. 他的爱好和生活习惯跟别人都不一样，很＿＿＿＿＿＿。
    A. 奇怪　　　　　B. 智慧　　　　　C. 值得　　　　　D. 各种各样
10. 我明白，可是不知道怎么用汉语＿＿＿＿＿＿。
    A. 重视　　　　　B. 打算　　　　　C. 解释　　　　　D. 决定
11. 要是你跟他们穿一样颜色的衣服，就不会＿＿＿＿＿＿发现。
    A. 被　　　　　　B. 把　　　　　　C. 放　　　　　　D. 改

乐读 2

12. 他考试考得好，_____ 因为他聪明，_____ 因为他很努力。
    A. 不管；都 B. 不是；而是
    C. 只要；就 D. 与其；不如

13. 我们 _____ 进不去，_____ 你有票。
    A. 连；都 B. 不但；而且
    C. 一；就 D. ∅；除非

14. 这个运动 _____ 很危险，_____ 对身体健康没有好处。
    A. 是；之一 B. 虽然；但是
    C. 不但；而且 D. 先；然后

15. 喜欢中国历史和文化 _____ 他来中国学习汉语的原因 _____。
    A. 因为；∅ B. 被；∅
    C. 是；之一 D. 除了；以外

六、判断所给句子与原句意思是否一致（10%）
Decide whether the given sentences are consistent with the original ones in meaning.

例：我会唱歌，可是唱得不怎么样。
　　我会唱歌，而且我唱得不错。　　　　　　　　　　　　　　　(×)

1. 我为什么和他分手？你不知道吗？真是明知故问！
   你知道我和他分手的原因。　　　　　　　　　　　　　　　　(　)

2. 在比较随便的场合，我从来不穿西服。
   在正式的场合，我从来不穿西服。　　　　　　　　　　　　　(　)

3. 中国功夫已经闻名世界了。
   中国功夫在全世界都很有名。　　　　　　　　　　　　　　　(　)

4. 水果富含维生素，多吃对身体有好处。
   水果里边有很多维生素，多吃对身体有好处。　　　　　　　　(　)

5. 空腹饮酒伤胃。
   吃饭以后喝酒对胃不好。　　　　　　　　　　　　　　　　　(　)

6. 她很难过，每天以泪洗面。
   她很难过，每天都哭。　　　　　　　　　　　　　　　　　　(　)

7. 这个故事不知所云，我一点儿也没看懂。
   不知道这个故事说的是什么，我只看懂了一点儿。　　　　　　(　)

8. "一个人每天应该喝 8 杯水"被视为一个谣言。
　　电视上说"一个人每天应该喝 8 杯水"是一个谣言。　　（　　　）
9. 这部动画片已经风靡全世界了。
　　这部动画片在每个国家都很流行，很受欢迎。　　　　（　　　）
10. 我每天吃完午饭以后都要打个盹儿。
　　我每天吃完午饭以后都要睡很长时间。　　　　　　　（　　　）

七、先看问题，然后快速浏览短文找到答案（15%）

Read the questions first, then read the passage quickly to find the answers.

　　牛顿是世界著名科学家。一天晚上，他坐在一棵苹果树下休息。突然，一个苹果从树上掉了下来。他觉得很奇怪：为什么苹果总是掉到地上，而不会飞到天上？为了弄明白这个问题，他做了很多研究，最后发现了苹果掉到地上的原因——地球有吸引力。

　　1. 牛顿是世界著名_____家。
　　　A. 文学　　　　　B. 化学　　　　　C. 科学
　　2. 苹果掉到地上的原因是_____。
　　　A. 地球有吸引力
　　　B. 苹果树上有压力
　　　C. 苹果有压力

　　为什么大多数人都觉得飞机上的食物很难吃？最新研究显示，这全是噪音惹的祸！噪音影响了人们的味觉。

　　在没有人说话的时候，飞机上的噪音大概为85分贝。这已经会影响你的味觉，让你觉得食物不好吃了。如果你旁边的人大声说话，就会让你觉得食物更难吃。

　　3. 人们觉得飞机上的食物很难吃，这是因为_____影响了人们的味觉。
　　　A. 飞机上的音乐　　B. 飞机上的噪音　　C. 飞机上的服务
　　4. 在飞机上，如果旁边的人大声说话，你会觉得你的食物_____。
　　　A. 味道刚刚好　　　B. 更好吃　　　　　C. 更难吃

乐读 2

中国医师协会最新调查显示，32.69%的中国医生每周工作超过60小时。加班已经成了很多医生的工作常态，特别是外科手术医生。调查也显示，65.9%的医生对自己的工资收入不满意，其中有19.1%的医生对自己的工资收入"很不满意"。

中国人口多，医生工作强度大，压力大。中国医师协会表示会改善医生的工作现状，同时也希望人们能给医生多一些关心和理解。

5. 调查显示，_____的中国医生每周工作超过60小时。
   A. 32.69%　　　　B. 65.9%　　　　C. 19.1%
6. 很多医生都要加班，特别是_____。
   A. 内科医生
   B. 外科手术医生
   C. 年轻医生
7. 中国医师协会希望人们怎么做？
   A. 给医生多一些关心和理解
   B. 改善医生的工作现状
   C. 文中没有说

由于多地震，日本国土交通省近日准备在所有电梯里安装饮水机和马桶。万一发生地震，这些饮水机和马桶可以为被困在里边的人提供帮助。

2015年5月，日本发生大地震。这次大地震导致超过两万部电梯出现问题，不能正常运行，被困在里面的乘客在一个多小时以后才被救出来。

8. 日本准备在所有电梯里安装饮水机和马桶是因为_____。
   A. 日本楼很高，坐电梯上去需要很长时间
   B. 日本地震多，一旦地震来临，饮水机和马桶可以给乘客提供帮助
   C. 日本国土交通省想为乘客提供更好的服务
9. 2015年日本的大地震导致超过_____部电梯不能正常运行。
   A. 200　　　　　B. 2000　　　　　C. 20000

同仁堂，一家有着350年历史、26000多名员工的中医药企业，如今已经有了6大类超过1500种和中药有关的产品。

截止到2015年4月，同仁堂在海外有医疗机构60家、零售店100多家。同仁堂集团计划到2025年，海外零售店能达到200家。

10. 同仁堂有_____年的历史。
    A. 1500　　　　　　B. 200　　　　　　C. 350
11. 同仁堂有超过_____种和中药有关的产品。
    A. 1500　　　　　　B. 200　　　　　　C. 26000
12. 截止到2015年4月，同仁堂在海外有零售店_____多家。
    A. 60　　　　　　　B. 100　　　　　　C. 200

除了"六一"国际儿童节以外，很多国家也设立了自己的儿童节。

比如在瑞典，8月7号是男孩儿节，12月13号是女孩儿节。男孩儿节又叫"龙虾节"。在这一天，男孩儿们都要打扮成龙虾的样子，学习龙虾的勇敢精神。女孩儿节又叫"露西亚女神节"。女孩儿们都要打扮成女神的样子，学会保护自己和保护别人。

1月5号是西班牙的儿童节。在这一天的晚上，西班牙各地都有花车游行。花车上的"三个国王"（黑脸国王、黄脸国王和白脸国王）会把糖果和小礼物扔给小朋友们。拿到糖果和小礼物的小朋友们要向国王保证好好儿学习。

13. 国际儿童节是哪一天？
    A. 6月1号　　　　B. 8月7号　　　　C. 12月13号
14. 在瑞典，男孩儿们在男孩儿节要打扮成_____的样子。
    A. 女神　　　　　B. 国王　　　　　C. 龙虾
15. 在西班牙儿童节那一天，"国王"会把_____扔给小朋友。
    A. 红包　　　　　B. 糖果和礼物　　C. 花车

八、阅读理解，选择正确答案或判断对错（30%）

Reading Comprehension: Choose the correct answers or decide whether the statements are true (T) or false(F).

早在三千多年以前，汉字就已经出现了。因为没有纸和笔，那时的汉字都是刻在龟甲或牛羊的骨头上，所以人们叫它"甲骨文"。甲骨文是我们目前

乐读 2

知道的中国最古老的汉字。人们是怎么发现甲骨文的呢?这里有一个故事。

清朝的时候,北京有一个叫王懿荣的人,他是研究汉字的专家。有一天,他因为病得很严重去看病。大夫给他开了一些中药,里边有一种药叫"龙骨"。王懿荣在药店买"龙骨"的时候发现上面有很多符号。他很好奇,所以就问这些"龙骨"是从哪儿来的,然后花钱买了所有的"龙骨"。经过研究,他发现这些"龙骨"来自河南安阳,上面的符号是商朝时候的汉字,这些汉字已经有3500年的历史了。

甲骨文是三千多年前的汉字,所以现在的人们很难认识。人们已经发现的甲骨文大概有4500个,但是能认识的只有1000多个。我们今天用的很多汉字都是从甲骨文来的,比如,⽊(木)、☉(日)、⾬(雨)等。

1. 我们目前知道的中国最古老的汉字是_____。
   A. 甲骨文　　　　B. 龙骨　　　　C. 女书　　　　D. 金文
2. 王懿荣是_____专家。
   A. 中药　　　　B. 历史　　　　C. 汉字　　　　D. 符号
3. 王懿荣买的"龙骨"来自_____。
   A. 江南　　　　B. 湖南　　　　C. 海南　　　　D. 河南
4. "龙骨"上的符号是_____朝的汉字。
   A. 清　　　　B. 商　　　　C. 汉　　　　D. 夏
5. 我们现在能认识的甲骨文大概有_____个。
   A. 1000　　　　B. 3000　　　　C. 3500　　　　D. 4500
6. 为什么三千多年以前的汉字都刻在龟甲或牛羊的骨头上?
   A. 因为这是那个时候的文化
   B. 因为那个时候没有纸和笔
   C. 因为那个时候的人们喜欢龟、牛、羊这三种动物
   D. 因为那个时候的人们喜欢骨头
7. 为什么王懿荣花钱买了药店所有的"龙骨"?
   A. 因为他病得很严重,需要很多"龙骨"来治病
   B. 因为他很有钱

C. 因为他是研究汉字的专家，他看到"龙骨"上面的符号，觉得很好奇

D. 因为他一看到"龙骨"上面的符号就知道那是商朝的汉字

北极熊生活在寒冷的冰雪中，是世界上最大的食肉动物之一。一只成年的北极熊站起来身高可达2.8米。雄性北极熊体重约为300～800公斤，雌性约为150～300公斤。北极熊看起来很胖，可是它们奔跑的速度可达每小时40公里。

你知道吗？北极熊的皮肤其实是黑色的！因为它们的毛发是透明的，所以看起来全身是白色的。北极熊最喜欢的食物是海豹。

一只成年雌性北极熊一次可以生两只小北极熊。小北极熊出生的时候，它们的眼睛是闭着的，而且身上没有太多的毛。北极熊妈妈要把小北极熊抱在怀中，让它的身体暖和。小北极熊出生以后要喝妈妈的奶，5个月以后就不用再喝了。

小北极熊可以自己行走以后，北极熊妈妈就会教它们怎么捕获小动物、怎么游泳。当它们学会以后，就可以自己去找吃的了，然后就可以离开妈妈，自己生活了。

8. 北极熊是 _____ 动物。
   A. 奔跑速度最快的　　　　　　B. 寒冷的
   C. 食草　　　　　　　　　　　D. 食肉

9. 北极熊奔跑的速度可达每小时 _____ 公里。
   A. 2.8　　　　B. 300　　　　C. 800　　　　D. 40

10. 北极熊最喜欢的食物是 _____。
    A. 海豹　　　B. 海狮　　　C. 海马　　　D. 海象

11. 小北极熊出生的时候，它们的眼睛 _____。
    A. 是睁开的　　　　　　　　　B. 是闭着的
    C. 上边有很多毛　　　　　　　D. 上边没有太多的毛

12. 小北极熊出生后 _____ 个月就可以停止喝妈妈的奶了。
    A. 2　　　　B. 3　　　　C. 4　　　　D. 5

乐读 2

13. 北极熊的皮肤是黑色的，可是为什么看起来全身是白色的？
    A. 因为它们的毛发是透明的
    B. 因为它们的毛发是白色的
    C. 因为它们的身上都是白色的雪
    D. 文中没有告诉我们为什么

14. 北极熊妈妈为什么要把小北极熊抱在怀中？
    A. 因为小北极熊的眼睛是闭着的
    B. 因为这样方便小北极熊喝奶
    C. 因为这样可以让小北极熊的身体暖和
    D. 因为妈妈不想让小北极熊在雪地里打滚儿

"我叫马天乐，住在学生宿舍8号楼。我的房间很小，厨房在外边，是公用的，所以不太干净；房间里有一个卫生间。租金是每个月2800块，我觉得有点儿贵，但是住在学校的宿舍很方便。宿舍离教室很近，走路10分钟就到了。学校外边有很多公共汽车，地铁站也不太远。"

"我叫美珍，我不住在学校，我和朋友一起在外边租了一套房子，三室一厅，带厨房和卫生间，每人每月1600块，比较便宜。小区外面的公共汽车不多，小区离地铁站也很远，交通不太方便，所以我每天骑自行车去学校，大概要20分钟。"

"我叫芬妮，我不喜欢和别人一起住，所以我自己租了一套房子，一室一厅，带厨房和卫生间，每个月3000块，真的很贵！小区周围的环境非常好，北边有一个公园，有山有水；小区里边也很安静。虽然离学校比较远，但是交通很方便，从家到学校坐地铁25分钟就到了。虽然我的房子只有一个卧室，但是又大又干净，欢迎你们来玩儿。"

15. 马天乐的房间很小，而且房间里边没有厨房。　　　　　　　（　　）
16. 马天乐住的地方交通不是很方便。　　　　　　　　　　　（　　）
17. 美珍从家到学校走路只要10分钟。　　　　　　　　　　　（　　）
18. 芬妮租了一套一室一厅的房子，而且带厨房和卫生间。　　（　　）
19. 芬妮的房子很贵，但是周围的环境非常好。　　　　　　　（　　）
20. 芬妮住的地方不太安静，但是交通很方便。　　　　　　　（　　）

宋朝的时候有一个画家，画画儿的时候往往随心所欲，所以别人常常不明白他画的是什么。一次，他刚画好一个虎头，正好赶上一个朋友来请他画马，他就随便在虎头的后边画上了马的身体。朋友问他画的是马还是虎，他回答说："马马虎虎。"朋友很不满意，没要画儿就走了，于是这个画家就把这幅"马虎图"挂在了自己家。大儿子看见了这幅画儿就问他画的是什么，他说是老虎；小儿子看见了也问他画的是什么，他又说是马。

过了几天，大儿子出去打猎，把别人的马当成老虎射死了，画家不得不给马的主人赔了很多钱。又过了几天，他的小儿子在外边看见了一只老虎，小儿子以为是马就去骑，结果被老虎咬死了。画家非常伤心，把画儿烧了，从此再也不马虎了。

从那以后，就有了"马虎"和"马马虎虎"这两个词。

21. 这个画家画画儿的时候很随便，想怎么画就怎么画。（　　）
22. 这个画家在虎头的后边画上了马的身体。（　　）
23. 虽然朋友对这幅画儿很不满意，但还是把画儿拿走了。（　　）
24. 大儿子问画家画的是什么，画家告诉他是"马马虎虎"。（　　）
25. 大儿子把老虎当成马去骑，结果被咬死了。（　　）
26. 画家的两个儿子都死了，所以他很伤心。（　　）
27. 短文告诉了我们"马虎"和"马马虎虎"这两个词是怎么来的。（　　）

近日，科学家对100多名百岁老人进行了调查，发现了这些百岁老人的一些共同的生活习惯。这些共同的生活习惯可能就是长寿的秘诀。

➢ 不管生活是完美的还是糟糕的，他们都能快乐地去面对。

➢ 每顿饭只吃到七八分饱，因为吃得太饱对胃不好。每个星期有一天或者两天不吃晚饭，但是每天都吃早饭。蔬菜、水果、豆类、肉、奶制品等，他们什么都吃。科学研究已经证实，只吃蔬菜和水果只会让人们更早得老年痴呆，并不会让你更健康。但有一项调查结果让科学家们感到很吃惊：有近一半的百岁老人喜欢吃油炸食品。

乐读 2

> 喝酒危害健康，经常喝酒的百岁老人很少。科学也证实：从来不喝酒，更容易长寿。

28. 这些百岁老人都可以快乐地去面对生活。　　　　　　　　（　　）
29. 这些百岁老人每天都吃早饭。　　　　　　　　　　　　　（　　）
30. 从来不喝酒的人更健康，更长寿。　　　　　　　　　　　（　　）

九、根据所给信息选择正确答案（10%）
Choose the correct answers based on the given information.

2020年3月30日全国主要城市天气预报

城市	天气	气温	城市	天气	气温
北京	中雨	14℃～5℃	长沙	多云	31℃～22℃
天津	小雨	14℃～5℃	广州	多云	29℃～22℃
石家庄	小雨	11℃～6℃	南宁	多云	32℃～21℃
太原	小雨	9℃～0℃	海口	多云	34℃～24℃
呼和浩特	中雨	16℃～6℃	成都	阴	26℃～18℃
沈阳	晴	13℃～-2℃	重庆	多云	32℃～21℃
长春	晴	9℃～-4℃	贵阳	阴	28℃～19℃
哈尔滨	小雪	4℃～-6℃	昆明	晴	24℃～12℃
上海	阴	23℃～17℃	拉萨	晴	17℃～3℃
南京	阴	24℃～18℃	西安	中雨	15℃～13℃
杭州	多云	30℃～20℃	兰州	小雨	21℃～16℃
合肥	雷阵雨	25℃～20℃	西宁	多云	19℃～5℃
福州	多云	34℃～19℃	银川	小雨	17℃～12℃
南昌	晴	32℃～20℃	乌鲁木齐	大雪	-3℃～-9℃
济南	阴	13℃～7℃	台北	晴	28℃～21℃
郑州	中雨	12℃～6℃	香港	雷阵雨	29℃～22℃
武汉	雷阵雨	29℃～20℃	澳门	雷阵雨	26℃～22℃

1. 白天气温在30℃以上（包括30℃）的城市有_____个。
   A. 7　　　　　B. 6　　　　　C. 5　　　　　D. 4
2. 晚上气温在0℃以下（不包括0℃）的城市有_____个。
   A. 2　　　　　B. 3　　　　　C. 4　　　　　D. 5
3. 白天和晚上的气温都在0℃以下（不包括0℃）的城市有_____个。
   A. 0　　　　　B. 1　　　　　C. 2　　　　　D. 3
4. 下雪的城市有_____个。
   A. 1　　　　　B. 2　　　　　C. 3　　　　　D. 4
5. 天气晴的城市有_____个。
   A. 3　　　　　B. 4　　　　　C. 5　　　　　D. 6

金鑫影城4月影讯

◆《长城》（中国）
类型：动作/冒险　　　　票价：60元　　　　时长：104分钟
时间：9:00 AM　11:40 AM　1:30 PM　5:50 PM　8:40 PM　11:45 PM

◆《我们结婚吧》（中国）
类型：爱情　　　　　　　票价：35元　　　　时长：92分钟
时间：9:00 AM　12:30 PM　2:15 PM　4:30 PM　7:40 PM　10:15 PM

◆《笑傲江湖》（中国）
类型：武打　　　　　　　票价：50元　　　　时长：97分钟
时间：9:00 AM　1:10 PM　3:45 PM　5:30 PM　7:40 PM　9:45 PM

◆《欢乐好声音》（美国）
类型：动画/歌舞　　　　票价：60元　　　　时长：108分钟
时间：9:00 AM　11:15 AM　2:15 PM　4:30 PM　7:40 PM　10:15 PM

◆《神奇动物在哪里》（美国）
类型：动画/奇幻　　　　票价：70元　　　　时长：133分钟
时间：9:00 AM　12:30 PM　3:10 PM　5:45 PM　8:40 PM　11:20 PM

◆《我的麻辣老师》（日本）
类型：喜剧/校园　　　　票价：50元　　　　时长：93分钟
时间：9:00 AM　12:30 PM　3:30 PM　6:45 PM　9:30 PM　11:45 PM

* 星期一到星期五早上9:00场半价。
* 学生、老人、教师半价（出示学生证、老年证、教师证）。
* 每天第100位来观影的顾客免费赠送爆米花一桶、可口可乐一瓶。

****

乐读 2

6. 如果你喜欢校园喜剧，你可以选择_____。
   A.《欢乐好声音》　　　　　　　　B.《长城》
   C.《笑傲江湖》　　　　　　　　　　D.《我的麻辣老师》

7. 如果你喜欢中国武打片，你可以选择_____。
   A.《笑傲江湖》　　　　　　　　　　B.《长城》
   C.《神奇动物在哪里》　　　　　　　D.《我的麻辣老师》

8. 一个成年人要看星期天早上9点的《我们结婚吧》，票价是_____。
   A. 17.5元　　　　B. 25元　　　　C. 35元　　　　D. 50元

9. 一个学生想看《欢乐好声音》，如果他有学生证，票价是_____。
   A. 30元　　　　B. 60元　　　　C. 25元　　　　D. 50元

10. 谁可以免费获得爆米花和可口可乐？
    A. 学生　　　　　　　　　　　　　　B. 老人
    C. 每天第100位来看电影的人　　　　D. 早上9点来看电影的人

生词表

A		
癌症	áizhèng	5
按照	ànzhào	4

B		
把	bǎ	3
办法	bànfǎ	8
办公室	bàngōngshì	2
帮助	bāngzhù	2
包括	bāokuò	8
饱	bǎo	3
保险	bǎoxiǎn	4
报名	bào//míng	1
报纸	bàozhǐ	1
比萨	bǐsà	7
必须	bìxū	9
毕业	bì//yè	9
便利店	biànlìdiàn	1
标题	biāotí	9
表示	biǎoshì	6
表演	biǎoyǎn	2
宾馆	bīnguǎn	2
冰激凌	bīngjīlíng	5
冰箱	bīngxiāng	4
病	bìng	5
不错	búcuò	1

C		
彩虹	cǎihóng	6
彩色	cǎisè	8
参观	cānguān	9
参加	cānjiā	8
餐巾纸	cānjīnzhǐ	3
苍蝇	cāngying	6
草莓	cǎoméi	3
长寿	chángshòu	5
炒	chāo	2
超市	chāoshì	1
炒	chǎo	3
衬衫	chènshān	2
成	chéng	9
成功	chénggōng	2
成绩	chéngjì	2
城市	chéngshì	2
吃惊	chī//jīng	2
迟到	chídào	6
穿	chuān	7
窗户	chuānghu	7
脆	cuì	3

D		
答应	dāying	9
打车	dǎ//chē	1
打算	dǎsuàn	1
打招呼	dǎ zhāohu	1
大脑	dànǎo	3
大熊猫	dàxióngmāo	4
带	dài	8
袋子	dàizi	2
蛋糕	dàngāo	2
蛋黄酱	dànhuángjiàng	7
当兵	dāng bīng	9
刀	dāo	6
导游	dǎoyóu	1
倒	dào	5
得	dé	6
等于	děngyú	2
地道	dìdao	7
地方	dìfang	2
地图	dìtú	2

173

乐读 2

点心	diǎnxin	5
调查	diàochá	8
丢脸	diū//liǎn	3
冬天	dōngtiān	5
懂	dǒng	4
动画片儿	dònghuàpiānr	4
动物园	dòngwùyuán	4
肚子	dùzi	3
对手	duìshǒu	7

E

饿	è	3
而且	érqiě	5
耳朵	ěrduo	3

F

发酵	fā//jiào	5
发烧	fā//shāo	3
发现	fāxiàn	6
翻译	fānyì	7
烦躁	fánzào	9
繁体字	fántǐzì	3
饭馆儿	fànguǎnr	3
放	fàng	3
分钟	fēnzhōng	6
风俗	fēngsú	5
封	fēng	9
蜂蜜	fēngmì	6
服务	fúwù	3
附近	fùjìn	1

G

改	gǎi	6
感觉	gǎnjué	4
感冒	gǎnmào	4
钢琴	gāngqín	1
搞笑	gǎoxiào	4
各种各样	gèzhǒng-gèyàng	3
工具	gōngjù	8
公园	gōngyuán	4
狗	gǒu	4
鼓励	gǔlì	8
鼓掌	gǔ//zhǎng	2
故事	gùshi	2
逛街	guàng jiē	6
规定	guīdìng	9
贵	guì	4
贵重	guìzhòng	9
国宝	guóbǎo	4
国旗	guóqí	7

H

海鲜	hǎixiān	1
号码	hàomǎ	7
合	hé	9
红茶	hóngchá	3
蝴蝶	húdié	6
糊涂	hútu	2
护照	hùzhào	1
花	huā	3
话题	huàtí	9
怀孕	huái//yùn	6
坏了	huài le	2
环境	huánjìng	6
换钱	huàn//qián	1
皇帝	huángdì	3
回答	huídá	4
或者	huòzhě	1

J

机场	jīchǎng	2
机票	jīpiào	6
鸡蛋	jīdàn	3
基因	jīyīn	4
记录	jìlù	9
纪念品	jìniànpǐn	5

加	jiā	5
甲骨文	jiǎgǔwén	1
简单	jiǎndān	4
见面	jiàn//miàn	9
奖金	jiǎngjīn	7
酱油	jiàngyóu	5
交通	jiāotōng	8
骄傲	jiāo'ào	9
饺子	jiǎozi	3
结果	jiéguǒ	5
结束	jiéshù	5
解释	jiěshì	6
紧张	jǐnzhāng	5
近	jìn	1
经常	jīngcháng	5
经过	jīngguò	9
经理	jīnglǐ	5
经历	jīnglì	8
精彩	jīngcǎi	2
精力	jīnglì	8
句子	jùzi	8
决定	juédìng	2

K

开玩笑	kāi wánxiào	4
砍价	kǎn//jià	2
烤鸭	kǎoyā	3
科学	kēxué	7
客人	kèrén	2
空气	kōngqì	7
空调	kōngtiáo	7
孔子	Kǒngzǐ	7
裤子	kùzi	2
筷子	kuàizi	4
困难	kùnnan	9

L

垃圾	lājī	2
拉肚子	lā dùzi	3
辣椒	làjiāo	3
老百姓	lǎobǎixìng	3
乐观	lèguān	9
冷	lěng	5
礼物	lǐwù	6
理想	lǐxiǎng	6
历史	lìshǐ	2
联系	liánxì	5
练习	liànxí	5
凉快	liángkuai	5
劣质	lièzhì	8
流利	liúlì	6
路口	lùkǒu	9
旅行社	lǚxíngshè	6
律师	lùshī	6
绿茶	lǜchá	3

M

马路	mǎlù	9
忙	máng	4
猫	māo	4
帽子	màozi	8
没想到	méi xiǎngdào	4
美丽	měilì	9
秘密	mìmì	7
密码	mìmǎ	7
免费	miǎn//fèi	4
民族	mínzú	7
明知故问	míngzhī-gùwèn	1
茉莉花茶	mòlìhuāchá	3
墨镜	mòjìng	1

N

奶酪	nǎilào	5
难过	nánguò	9
年纪	niánjì	9
年轻	niánqīng	8

乐读 2

鸟	niǎo	3
柠檬	níngméng	5
牛仔裤	niúzǎikù	2
努力	nǔlì	8

O		
欧洲	Ōuzhōu	7

P		
排队	pái//duì	1
骗	piàn	9
品牌	pǐnpái	7
乒乓球	pīngpāngqiú	6
平均	píngjūn	8
葡萄酒	pútaojiǔ	5

Q		
奇怪	qíguài	4
起床	qǐ//chuáng	1
起飞	qǐfēi	1
气温	qìwēn	7
签名	qiānmíng	4
钱包	qiánbāo	1
庆祝	qìngzhù	6
秋天	qiūtiān	7
取钱	qǔ qián	1
全	quán	9
裙子	qúnzi	2

R		
让	ràng	9
热	rè	3
热闹	rènao	3
热情	rèqíng	3
任务	rènwu	8
扔掉	rēngdiào	8
仍然	réngrán	7
容易	róngyì	7

软件	ruǎnjiàn	8

S		
洒	sǎ	8
善良	shànliáng	4
上班族	shàngbānzú	7
勺子	sháozi	8
蛇	shé	6
社交	shèjiāo	8
生活必需品	shēnghuó bìxūpǐn	5
生气	shēng//qì	7
生肖	shēngxiào	6
圣诞节	Shèngdàn Jié	1
胜利	shènglì	7
石头	shítou	7
世界	shìjiè	2
受欢迎	shòu huānyíng	4
瘦	shòu	5
书店	shūdiàn	1
蔬菜	shūcài	3
属	shǔ	6
刷牙	shuā yá	6
帅	shuài	8
睡眠	shuìmián	8
顺利	shùnlì	9
顺序	shùnxù	4
送给	sònggěi	5
碎	suì	7

T		
太阳	tàiyang	5
糖	táng	2
疼	téng	5
替	tì	9
天空	tiānkōng	7
挑战	tiǎo//zhàn	2
跳舞	tiào//wǔ	9
停车场	tíngchēchǎng	8
同意	tóngyì	4

痛苦	tòngkǔ	5		幸福	xìngfú	6
突然	tūrán	7		选	xuǎn	6
图片	túpiàn	2		学费	xuéfèi	4
图书馆	túshūguǎn	3				
兔子	tùzi	6		**Y**		
				压力	yālì	8
W				押金	yājīn	1
袜子	wàzi	2		研究生	yánjiūshēng	7
完成	wán//chéng	2		演讲	yǎnjiǎng	2
完美	wánměi	2		药草	yàocǎo	7
玩具	wánjù	6		药店	yàodiàn	3
碗	wǎn	7		医院	yīyuàn	5
往返	wǎngfǎn	6		一定	yídìng	2
往往	wǎngwǎng	6		已经	yǐjīng	5
危险	wēixiǎn	5		亿	yì	6
微波炉	wēibōlú	8		意思	yìsi	2
维生素	wéishēngsù	5		阴天	yīntiān	5
伟大	wěidà	2		银行	yínháng	1
味道	wèidào	5		引申义	yǐnshēnyì	8
胃	wèi	5		英镑	yīngbàng	7
闻	wén	7		英雄	yīngxióng	9
蚊子	wénzi	6		赢	yíng	4
武术	wǔshù	2		影响	yǐngxiǎng	8
				硬	yìng	8
X				勇敢	yǒnggǎn	8
习惯	xíguàn	4		友谊	yǒuyì	4
细菌	xìjūn	8		有利	yǒulì	7
虾	xiā	6		有钱	yǒu qián	1
下载	xiàzài	8		有效率	yǒu xiàolǜ	8
香	xiāng	7		有氧运动	yǒuyǎng yùndòng	7
香蕉	xiāngjiāo	3		右边	yòubian	1
像	xiàng	4		玉米	yùmǐ	6
消毒	xiāo//dú	8		预报	yùbào	9
消息	xiāoxi	7		预订	yùdìng	9
笑话	xiàohua	4		预防	yùfáng	5
新鲜	xīnxiān	1		预习	yùxí	9
行李箱	xínglixiāng	4		预约	yùyuē	9
形状	xíngzhuàng	3		原因	yuányīn	2

乐读 2

远	yuǎn	1
愿意	yuànyì	4
运动	yùndòng	1
晕	yùn	8

Z		
脏	zāng	8
糟糕	zāogāo	2
战争	zhànzhēng	9
着急	zháo//jí	9
照顾	zhàogù	9
照片	zhàopiàn	3
照相	zhào//xiàng	3

珍贵	zhēnguì	4
正式	zhèngshì	1
值得	zhí//dé	6
质量	zhìliàng	4
治	zhì	5
智慧	zhìhuì	8
重视	zhòngshì	6
煮	zhǔ	3
赚	zhuàn	4
总之	zǒngzhī	7
左边	zuǒbian	1
座位	zuòwèi	1